Limonaden
selber machen

KIRSTEN SCHIEKIERA

Stiftung Warentest

Inhalt

ABKÜRZUNGEN

Mengenangaben:

TL	Teelöffel
EL	Esslöffel
Msp.	Messerspitze
g	Gramm
ml	Milliliter
l	Liter

Nährwertangaben:

kcal	Kilokalorien
Tb.	Tagesbedarf

Aller Anfang ist einfach:
Nur aus Zitronensaft, Zucker und sprudelndem Wasser kann jeder eine erfrischende Limonade mischen.
Wer Neugier und etwas Zeit mitbringt, kann mit ein wenig Übung überraschende und ungewöhnliche Erfrischungsgetränke zaubern.
Dazu brauchen Hobbyköche außer simplen Geräten, die in den meisten Küchen ohnehin vorhanden sind, vor allem Spaß am Experimentieren.
Wir zeigen, wie es geht.

Selbst gemachte
ERFRISCHUNGEN

Ein prickelnder Genuss

Nichts erfrischt an heißen Tagen so gut wie ein kühles Getränk. Aus der Erfrischung wird ein Genuss, wenn Fruchtaroma dazukommt und wenn es im Glas ein wenig prickelt. Kein Wunder also, dass Limonaden und andere Erfrischungsgetränke wie Fassbrausen und Eistees in aller Munde sind. Im Sommer trinken wir sie im Freibad, im Garten, beim Grillen, im Straßencafé und bei Open-Air-Konzerten. Und die Saison endet keineswegs im Herbst. Schließlich schmecken Limonaden und Co. auch, wenn es draußen kalt ist. Bei Kindergeburtstagen oder beim Kinobesuch lassen sich die alkoholfreien Getränke nicht wegdenken.

Warum selber machen?

Früchte aus der Region oder aus dem eigenen Garten lassen sich zu besonders aromatischen Getränken verarbeiten. Wer zusätzlich Kräuter, Tees, Gewürze oder Hefekulturen einsetzt, kann Gäste mit außergewöhnlichen Geschmackserlebnissen überraschen. Auch von den populären Energydrinks lassen sich weitaus gesündere Varianten zubereiten, die zusätzlich auch den Geldbeutel schonen. Ein großer Vorteil beim Zubereiten von Erfrischungsgetränken: Man hat es in der Hand, wie hoch der Zuckergehalt ausfällt und was im Glas landet.

Info *Der Klassiker von Coca-Cola, die Fanta Orange, enthält pro 200 ml laut Hersteller mehr als 18 g Zucker. Sorten wie die Fanta Mango enthalten statt echter Früchte nur Aromen.*

Das Comeback der Softdrinks

Bereits in der römischen Antike tranken Menschen ein Erfrischungsgetränk namens Posca. Dafür wurde Trinkwasser einfach mit einem Schuss Essig versetzt. Im Süden Russlands wird seit dem Mittelalter Kombucha getrunken. Vergleichsweise jung ist dagegen der Eistee, der Mitte des 19. Jahrhunderts erfunden wurde, als die ersten Kühltechniken patentiert wurden. Seit Beginn des 20. Jahrhunderts ist das herbfrische Getränk populär.
Lange war es um den Ruf von Softdrinks nicht allzu gut bestellt. Die Getränke galten als süß, ungesund und ein wenig langweilig. Seit einigen Jahren hat sich das geändert. Erfrischungsgetränke mit Kräuteraroma und andere, die auf der Basis von exotischen Teesorten hergestellt werden, finden immer mehr Anhänger. Gerade beim jungen Publikum kommen diese Durstlöscher, die oft säuerlich und frisch schmecken, enorm gut an – auch weil sie eine alkoholfreie Alterna-

tive zu Bier, Wein und Cocktails sind. Start-up-Unternehmen und kleine Manufakturen produzieren mittlerweile Limonaden aller Couleur und Geschmacksrichtungen. In Clubs und Szenecafés sind die Limonaden aus lokalen Manufakturen weitaus beliebter als die Produkte bekannter Marken. Viele Gastronomen haben den Trend ebenfalls erkannt und bieten daher zusätzlich einige Sorten hausgemachter Limonaden und Eistees an.

Info *Die „Leitsätze für Erfrischungsgetränke" des Bundesministeriums für Ernährung und Landwirtschaft definieren Limonaden als Erfrischungsgetränke, die u. a. Aromenextrakte und/oder natürliche Aromen, Wasser und mindestens 7 % Zucker enthalten.*

Zitrusfrüchte bringen Aroma

Dem Wortursprung nach ist eine Limonade ein Getränk, das mit Zitrone zubereitet wird (lemon = englisch für Zitrone). Der Urtyp der Limonaden ist die englische „Lemon Squash" – ein simpler Mix aus Wasser, Zucker und Zitronensaft, der Ende des 19. Jahrhunderts populär war. Auch wenn es heute Limonaden in allen möglichen Geschmacksrichtungen gibt – ein Spritzer Zitronen- oder Limettensaft ist in fast jeder Mischung enthalten. Das Zitrusaroma gibt dem Getränk den nötigen, frischen Akzent. Das gilt auch für Fassbrausen, Energydrinks oder Eistees – diese Softdrinks brauchen ebenfalls einen Schuss Zitrussaft, um zu schmecken.

Deutsche mögen Kohlensäure

Im englischsprachigen Raum, in Skandinavien und in vielen anderen Ländern werden Limonaden oft aus Fruchtsaft hergestellt und mit kühlem Leitungswasser aufgegossen. In Deutschland und in Österreich soll es dagegen ordentlich blubbern. Eine Limonade ist erst dann perfekt, wenn Kohlensäure im Glas sprudelt. In Bayern wird Limonade auch Kracherl genannt, in Berlin sagt man Brause. Schon an den Namen hört man, wie es beim Öffnen der Flaschen sprudelt und zischt. Auch in diesem Buch enthalten die meisten Limonaden und Erfrischungsgetränke Kohlensäure. Sie entsteht entweder in den Getränken selbst durch Vergärung oder durch das Aufgießen mit kohlensäurehaltigem Mineralwasser.

Die Welt der Erfrischungsgetränke

Klassische Limonaden (ab Seite 22)

Natürlich ist Limonade nicht gleich Limonade. Einige Sorten sind eher klebrig und süß, andere kommen säuerlich und herb daher. Allerdings wurde hierzulande gesetzlich geregelt, was eine echte Limonade ist. Das Deutsche Lebensmittelbuch, das Leitsätze für die Produktion von Lebensmitteln vorgibt, enthält auch ein Kapitel über Erfrischungsgetränke. Darin steht, dass die Basis einer Limonade Trinkwasser, natürliches Mineralwasser, Tafelwasser oder Quellwasser ist. Dazu kommen in der Regel Kohlensäure, natürliche oder künstliche Aromastoffe, Zitronensäure, Zucker oder Süßstoffe. Bei industriell hergestellten Limonaden ist der Fruchtanteil gering. Er liegt zwischen 3 und 15 Prozent für Limonaden, die Kernobst- und Traubensaft bzw. Zitrusfruchtsaft enthalten, dafür liegt der Zuckergehalt bei mindestens 7 Prozent, bei Cola-Getränken sogar bei 10 bis 12 Prozent. Dass ein übermäßiger Konsum dem Körper nicht guttut, leuchtet ein. Unsere Limonaden kommen mit weniger Zucker aus.

Info *Nach Angaben der Deutschen Gesellschaft für Ernährung sollten Limonaden nicht als regelmäßige Durstlöscher dienen. Um den Flüssigkeitsbedarf zu decken, sollte man lieber auf Wasser, ungesüßte Kräuter- und Früchtetees oder Fruchtsaftschorlen zurückgreifen.*

Anstelle von Kristallzucker wird auch häufig Agavendicksaft oder Rohrzucker verwendet, oft reicht der fruchteigene Zucker. Außerdem gibt es mit frischem Saft die volle Ladung Frucht mit viel Vitamin C.

Prickelndes mit Hefekulturen (ab Seite 50)

Ein Getränk zum Prickeln zu bringen – das geht auch ohne fertiges Mineralwasser oder einen Sodasprudler. Für die Königsklasse der Erfrischungsgetränk-Zubereitung braucht man lediglich Wasser, Zucker und Hefekulturen. Früchte und Kräuter geben ihr Aroma ab. Wenn Zucker und Hefe in einer Flüssigkeit aufeinandertreffen, dann entsteht natürliche Kohlensäure. Nach zwei bis drei Tagen wird das Fruchtaroma intensiver, der Zuckergeschmack schwächt dagegen ab. Drei verschiedene Hefearten können verwendet werden: Reinzuchthefe, Kombuchapilze oder Wasserkefir (siehe auch Seite 17/18). Die Zubereitung mit allen drei Hefesorten ähnelt sich. Beachten muss man, dass die Kulturen nicht mit Metall in Berührung kommen. Rohrohrzucker oder Kristallzucker sind am besten für die Zubereitung geeignet. Vollrohrzucker können die Hefekulturen schlechter verarbeiten, die Kohlensäure-

bildung kommt mit dem dunklen Zucker nur langsam in Schwung.
Mit Reinzuchthefe lässt sich Limonade problemlos auch in größeren Mengen herstellen. Nach ungefähr drei Tagen bildet sich Kohlensäure. Anschließend kann man das Getränk in Bügelflaschen abfüllen und im Kühlschrank bis zu drei Wochen lang aufbewahren. Eine Anleitung finden Sie auf Seite 52/53.

Info Hefekulturen bilden in geringen Mengen Alkohol (etwa 0,5 bis 1 %). Für Kinder und Schwangere sind selbst gemachte Limonaden auf Hefebasis deshalb nicht geeignet.

Die Getränkeherstellung mit Kombuchapilzen und Wasserkefir ähnelt sich. Sie wird auf den Seiten 54 bis 57 beschrieben. Zucker kann von Hefekulturen grundsätzlich besser verarbeitet werden, wenn er sich vollständig im Wasser gelöst hat. Kombucha und Wasserkefir brauchen allerdings Sauerstoff für ihre „Arbeit". Deshalb dürfen die Gefäße, in denen man das Getränk ansetzt, nicht fest verschlossen sein. Es reicht, wenn man sie mit Stoff oder Küchenpapier abdeckt.
Kombucha- und Wasserkefirkulturen werden mit gesüßtem Tee oder mit Zuckerwasser und Trockenfrüchten angesetzt. Aus diesen Nährlösungen zaubern die Hefekulturen nach einigen Tagen ein frisch schmeckendes kohlensäurehaltiges Getränk. Anschließend werden die Hefen mit neuer Nährlösung wieder angesetzt.
Kombucha und Wasserkefir kann man in stabilen Glasgefäßen wie zum Beispiel in Einmachgläsern mit großer Öffnung ansetzen. Bei der Produktion mit Reinzuchthefe müssen die Gefäße fest verschlossen werden und stehen unter Druck. Deshalb empfiehlt es sich, den Ansatz in einer Einweg-PET-Flasche zu machen.
Diese dünnwandigen Kunststoffflaschen haben einen großen Vorteil: Sie wölben sich unter der Kohlensäurebildung ein wenig nach außen. Man kann sehen und fühlen, wenn das Getränk fertig ist (siehe hierfür auch die Hinweise zur Hygiene, ab Seite 19). Andere Glasgefäße können unter dem entstehenden Druck zerbersten.

Fassbrausen (ab Seite 84)

In Deutschland werden sie immer beliebter, in anderen Ländern sind sie nahezu unbekannt. Während sich die Entstehung der meisten Limonadenspezialitäten kaum nachvollziehen lässt, ist die Geschichte der Fassbrause bekannt. Der Berliner Chemiker Ludwig Scholvien erfand für seinen Sohn ein Getränk, das im Geschmack und in der

Farbe Bier ähnelte. Die Zutaten: Apfelkonzentrat, Kräuterauszüge, Wasser und Malz. Das neue Getränk war ein voller Erfolg. Und so kam es, dass viele Berliner Kneipen einen Extra-Zapfhahn für Fassbrause hatten.

In den letzten Jahrzehnten geriet die Fassbrause ein wenig in Vergessenheit, mittlerweile wird sie wiederentdeckt. Zu der klassischen Fassbrause mit Apfelaroma sind Geschmacksrichtungen wie Kirsche, Waldmeister und Zitrone gekommen.

Info Fassbrausen werden oft über Brauereien vertrieben. Deshalb glauben viele, dass die Spezialität in einem Fass reift oder gebraut wird. In Wirklichkeit aber sind Fassbrausen lediglich raffiniert und ungewöhnlich abgeschmeckte limonadenähnliche Getränke.

Auch bei dem Brause-Erfinder Ludwig Scholvien war die Basis seines Getränks ein Konzentrat. Über eine Karbonisierungsanlage wurde einem Frucht- und Kräuterextrakt Kohlensäure zugeführt, so konnte die Fassbrause schäumend ins Glas laufen.

Fassbrause lässt sich auch am heimischen Herd zubereiten. Außer Fruchtsaft braucht man nur einige seltene Zutaten wie Malzextrakt und Süßholzwurzel oder Lakritzpulver. Ganz fix kann man eine „unechte“ Fassbrause aus alkoholfreiem Bier mixen. Diese Methode stellen wir in dem Buch ebenfalls vor.

Eistees (ab Seite 96)

An heißen Tagen sind Eistees ein unschlagbarer Genuss. Serviert mit vielen Eiswürfeln, wirken sie erfrischend und belebend. Am bekanntesten sind Eistees aus schwarzem Tee. Aber auch mit grünem Tee, halbfermentiertem Oolong oder dem pulverisierten Matcha kann man Eistees herstellen. Statt mit Zucker können die Getränke auch mit Honig, Sirup oder Fruchtsaft gesüßt werden. Tee und Aufgussgetränke bieten ein unglaublich breites Spektrum an Aromen. Ungesüßt haben sie keine Kalorien, einige haben außerdem eine anregende Wirkung. Tees tauchen deshalb in diesem Buch auch bei den „Energydrinks“ auf. In diesem Kapitel steht der Teegeschmack im Vordergrund.

Info Früchte- und Kräutertees sind der Definition nach keine Tees, sondern Aufgussgetränke. Aber auch mit ihnen kann man Eistees zubereiten. Sie enthalten meist kein Koffein. Auch Kinder, Schwangere und andere Menschen mit einem empfindlichen Magen können sie trinken.

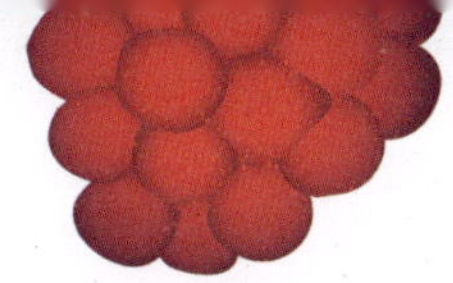

Exoten (ab Seite 124)

Info Für die peruanische Chicha Morada werden Maiskolben und Ananasschalen ausgekocht, der indischen Nimbu Pani gibt eine Prise Meersalz ihr Aroma. Auch Limonaden mit Tomaten, Rosenblättern und Birkenwasser sind in anderen Ecken der Erde beliebt.

Limonaden werden weltweit geliebt und getrunken. Ihre Basis sind meist Obst und Gewürze, die vor Ort kultiviert werden. Dazu kommen Zucker und ein Schuss Zitrone. Die meisten dieser einheimischen Getränke schmecken deshalb – egal ob sie aus asiatischen Longan-Früchten oder südamerikanischen Lulos zubereitet werden – auch Europäern auf Anhieb.
Doch einige exotische Limonadenspezialitäten heben sich deutlich von diesem Schema ab. Wer sich auf solche fremden Geschmacksrichtungen einlässt, kann das Spektrum an Limonadenaromen noch einmal deutlich erweitern.

Energydrinks (ab Seite 138)

Unsere Energydrinks kommen ohne Unmengen Zucker und ohne Farbstoffe aus. Sie erinnern weder in ihrem Geschmack noch in ihrem Aussehen an handelsübliche Produkte – aber sie sind sehr aromatisch und sie machen wach, weil sie Koffein in vertretbaren Maßen enthalten. Wer zu keiner Risikogruppe gehört und sich an die Rezeptangaben hält, kann problemlos einen bis zwei unserer Energydrinks pro Tag trinken. Vorsicht ist allerdings angesagt, wenn man ohnehin gerne Kaffee, Espresso, Cola oder Tee trinkt. Mehr zum Thema Koffein finden Sie ab Seite 138.

Wasser de luxe (ab Seite 154)

Nach wissenschaftlichen Erkenntnissen sollten gesunde Erwachsene täglich 1,5 bis 2 Liter Flüssigkeit zu sich nehmen. Mindestens. Bei heißem Wetter oder beim Sport wird geschwitzt – in solchen Situationen muss mehr getrunken werden. Dann kann es nötig sein, 3 bis 5 Liter Getränke zu sich zu nehmen, um den Flüssigkeitsverlust auszugleichen. Trockene Luft in klimatisierten Büros oder in Flugzeugen lassen mitunter den Flüssigkeitsbedarf ebenfalls auf das Doppelte steigen. Limonaden, Eistees und Saftschorlen sind Genussmittel – sie sind nicht geeignet, um den täglichen Flüssigkeitsbedarf zu stillen. Ein unschlagbarer Durstlöscher ist dagegen Wasser. Aber auch ungesüßte Kräuter- und Fruchtaufgüsse sind aus ernährungsphysiologischer Sicht das Richtige,

Info *Was alle unsere Durstlöscher eint: Sie enthalten weniger als 10 Kalorien pro 100 ml. Wer 0,5 Liter trinkt, nimmt also nicht einmal 50 Kalorien zu sich – das ist weniger, als ein Apfel hat.*

um den Flüssigkeitsbedarf des Körpers auszugleichen.
In diesem Buch finden Sie gesunde Durstlöscher, die das Trinken zu einem Genuss machen. Mit Limonaden haben sie wenig gemein, da sie keinen Zucker enthalten. Basis der Durstlöscher sind meist Früchtetees, Pepp bekommen sie durch Gewürze und Zitrussäfte. Süße verleiht den Getränken ein Schuss Fruchtsaft.

Das bedeuten die Symbole bei den Rezepten

1. 2. 3. 4. 5. 6.

1. **Kalorienarm:** Dieses Rezept enthält weniger als 35 kcal pro Glas (200 ml).

2. **Zuckerarm:** Weniger als 9 g Zucker befinden sich in einem Glas (200 ml).

3. **Schnell zubereitet:** In spätestens 20 Minuten steht das Getränk fertig auf dem Tisch.

4. **Perfekt für Kinder:** Fruchtig-süßer Geschmack, knallige Farbe, kein Koffein und weniger als 15 g Zucker pro Glas machen das Rezept zur Lieblingslimonade für Kinder. Dennoch sollten besonders Kinder zuckerhaltige Getränke nur in Maßen, zum Beispiel zu besonderen Anlässen, trinken.

5. **Wachmacher:** Dieses Rezept enthält Koffein. Es hat eine anregende Wirkung und ist für empfindliche Menschen und Kinder nicht geeignet.

6. **Vitaminreich:** Besonders viele Vitamine oder andere Nährstoffe enthält ein Glas dieses Getränks. Genaueres finden Sie in der Spalte der Nährwertangaben unter dem Rezepttitel.

Info *Die Nährwert-, Zucker- und Vitaminangaben beziehen sich immer auf ein Glas à 200 ml.*

Nützliche Küchengeräte

Für die meisten Rezepte in diesem Buch benötigen Sie keine besondere Ausstattung, das meiste ist in fast jedem Haushalt vorhanden.

1. **PET-Flaschen/Sektflaschen:** Gefäße aus dem Kunststoff Polyethylenterephthalat (PET) sind vor allem praktisch, wenn man das erste Mal Limonaden auf Hefebasis macht. Bei Einwegflaschen aus dünnem PET kann man die Kohlensäurebildung durch Anfassen spüren, die Flaschen fühlen sich dann prall an. Gut gereinigte Sektflaschen eignen sich auch für die Herstellung von Getränken auf Hefebasis. Durch ihren gewölbten Boden halten sie dem Druck stand. Achtung: Andere Glasflaschen können unter Druck zerbersten.

2. **Einmachgläser:** Gläser mit einer großen Öffnung sind praktisch und sie lassen sich gut reinigen. Man benötigt sie, um Wasserkefir- und Kombuchakulturen anzusetzen.

3. **Sieb:** Zur Saftproduktion sind alle handelsüblichen Siebe mit feiner Lochung geeignet. Wer Kombuchapilze und Wasserkefirkulturen reinigen will, muss ein Sieb aus Kunststoff verwenden. Die Hefekulturen reagieren empfindlich auf die Berührung mit Metall.

4. **Bügelflaschen:** In diesen Flaschen aus dickem Glas lassen sich kohlensäurehaltige Getränke sicher im Kühlschrank aufbewahren. Beim Kauf von Bügelflaschen sollte man darauf achten, dass die Stopfen aus Porzellan sind. Kunststoffstopfen können sich durch die Hitze im Geschirrspüler verziehen.

5. **Löffel:** Bei Löffeln, die bei der Limonaden- und Eisteeproduktion zum Einsatz kommen, gilt eine einfache Regel: je länger, desto besser. Wenn mit Wasserkefir und Co. gearbeitet wird, muss auch der Löffel aus Kunststoff sein.

6. **Trichter:** Wer seine Erfrischungsgetränke in Flaschen abfüllen will, benötigt einen großen Trichter.

Tipp Werden kohlensäurehaltige Getränke abgefüllt, dann sollte man ein Holzstäbchen, zum Beispiel einen Schaschlikspieß, in den Trichter legen. Das reduziert die Schaumbildung.

7. **Messbecher:** Wer Getränke mischen will, braucht ein Barmaß oder einen Messbecher. Für die Produktion von Erfrischungsgetränken ist es sinnvoll, zwei Messbecher bereitzuhalten: einen großen und einen kleinen mit detaillierter Skalierung in 5-Milliliter-Schritten.

14.
15.
12.
1.
4.
10.
11.
6.

19.
21.
18.
3.
2.
17.
20.
22.
16.
9.
7.
8.
5.
13.

8. Saftpresse: Elektrische Saftpressen liefern in wenig Zeit große Ausbeute. Wenn nur einzelne Zitronen oder Limetten entsaftet werden sollen, reicht eine einfache Zitruspresse. Die Geräte gibt es in vielen Farben und Formen.

9. Topf: Geeignet zum Kochen von Sirups sind alle Töpfe, die einen mindestens 10 Zentimeter hohen Rand haben. Praktisch sind auch Milchtöpfe mit einer Tülle.

10. Alkoholmesser: Limonaden auf Hefebasis enthalten geringe Mengen Alkohol. Den Alkoholgehalt kann man mit einem Alkoholmesser ermitteln. Beim Kauf sollte man darauf achten, dass das Gerät auch den Alkoholgehalt von Bier und Wein bestimmen kann. Einige Alkoholmesser sind nur zur Analyse von Spirituosen geeignet.

11. Tee-Ei: Viele Getränke in diesem Buch haben einen Tee als Basis. Diesen können Sie mit Beuteltee oder mit losem Tee zubereiten. Für losen Tee empfiehlt sich die Verwendung eines Tee-Eis. Da die Teeblätter im Wasser aufquellen und Platz zur Entfaltung brauchen, eignet sich für größere Mengen ein Teesieb, ein Baumwollbeutel oder ein Papierfilter.

Die wichtigsten Zutaten

12. Mineralwasser: Mit einem Trinkwassersprudler oder einer Siphonflasche kann man zu Hause aus Leitungswasser prickelndes Sodawasser herstellen. Wird fertiges Mineralwasser gekauft, dann darf es nur wenig Natrium enthalten. Natriumhaltige Wässer schmecken leicht salzig und können den Geschmack von Erfrischungsgetränken verfremden.
Kohlensäure ist ein flüchtiger Stoff. Nach einiger Zeit verschwindet er von ganz alleine aus Getränken. Deshalb ist stark sprudelndes Wasser die erste Wahl. In Supermärkten wird es meist unter der Bezeichnung „Klassik" verkauft. Wer ein Sodagerät zu Hause hat, stellt nach Anleitung ein Wasser her, das ordentlich blubbert.

13. Eiswürfel: Eiswürfelformen aus Silikon können den Geschmack der Eiswürfel durch entweichende Silikonbestandteile unangenehm verändern. Stark riechende Silikonformen besser nicht verwenden.

14. Zitrusfrüchte: Zitronen, Orangen und Limetten geben Limonade, Eistee & Co. ihr unverwechselbares Aroma. Werden die Getränke mit den Schalen gewürzt oder zum Beispiel mit Zitronenscheiben serviert,

dann müssen unbedingt unbehandelte Biofrüchte verwendet werden. Sonst können Pestizide, Wachse oder Konservierungsmittel in die Getränke gelangen. Auch Biofrüchte müssen zunächst heiß abgewaschen und abgetrocknet werden.

15. **Andere Früchte:** Egal ob Erdbeeren, Äpfel, Quitten oder Mangos – Obst sollte nur in einwandfreiem Zustand und gut gewaschen verarbeitet werden.

16. **Ingwer:** Frischer Ingwer bringt Säure und Schärfe in Getränke und gibt ihnen so ein unverwechselbares Aroma. Die vitaminreichen Knollen werden zunächst geschält und dann geraspelt oder ausgepresst. Auch fertiger Ingwersaft kann zum Mixen verwendet werden. Ingwerpulver ist wenig aromatisch.

17. **Zucker:** Kristallzucker, Rohrzucker und Sirupzucker sind zum Kochen von Sirups eine gute Wahl. Rohr- oder Vollrohrzucker sind dunkler und einen Tick weniger süß. Beim Einkochen entwickeln die Naturzuckersorten ein leichtes Karamellaroma. Zu einigen Gewürzen wie zum Beispiel Anis passt das gut – bei fruchtigen Sirupsorten kann es den Geschmack verfälschen. Auch Einmachzucker ohne Pektin macht sich gut bei der Saft- und Sirupproduktion. Seine großen Kristalle lösen sich langsamer auf als bei üblichem Haushaltszucker. Beim Kochen bildet sich weniger Schaum.

18. **Puderzucker, Agavendicksaft:** Manchmal muss nachgesüßt werden, dann sind Agavendicksaft und Puderzucker eine gute Wahl, weil sie sich schnell in Flüssigkeiten auflösen. Agavendicksaft enthält hauptsächlich Fructose. Auf diesen Zuckerstoff reagieren allerdings einige Menschen empfindlich.

19. **Kräuter:** Minze, Melisse und Basilikum sehen in Getränken nicht nur gut aus, sie geben auch Aroma und zusätzliche Vitamine. Kräuter sollten immer gut gewaschen und abgetrocknet werden. Wer selber pflückt, muss Gegenden in der Nähe von viel befahrenen Straßen meiden.

20. **Wasserkefirkulturen:** Fertiger Wasserkefir ist kaum im Handel erhältlich. Die Kulturen, die vom Aussehen an Kristalle erinnern, können im Internet bestellt werden, sie sind bei professionellen Anbietern allerdings nicht gerade billig. Es lohnt sich deshalb, sich im Freundes- und Bekanntenkreis umzuhören. Da sich die Kulturen sehr schnell vermehren, freuen sich die meisten Wasserkefirfans, wenn sie einen Teil ihrer Kristalle verschenken können.

21. Hefe: Mit Champagner- oder Reinzuchthefe gelingt die Getränkeproduktion am besten. Reinzuchthefe ist im Fachhandel und im Internet erhältlich. Man kann sie auch in der Apotheke bestellen. Es kann auch Trockenhefe verwendet werden. Ein halber gestrichener Teelöffel reicht für etwa 1,5 Liter. Backhefe aus dem Kühlregal ist ungeeignet, sie hat einen starken Eigengeschmack.

Info *Hefekulturen mögen keine Temperaturschwankungen. Am besten gedeihen sie an einem nicht allzu hellen, geschützten Ort. Direkte Sonneneinstrahlung vermeiden.*

22. Kombuchapilze: Die Pilze werden in einigen Reformhäusern oder Bioläden verkauft. Sie können auch über das Internet bestellt werden. Der Pilz wird in der Regel in Ansatzflüssigkeit verkauft. Diese nicht wegkippen, sie wird in den Rezepten mitverwendet. Bei fertigem Trank darauf achten, dass er noch nicht mit Säften gemixt wurde.

Tipp Süßstoffe sparsam verwenden

In Light-Limonaden wird Zucker durch Süßstoffe wie Aspartam, Cyclamat oder Stevioside ersetzt. Die Stoffe enthalten fast gar keine Kalorien. Ihre Süßkraft ist bis zu 3000-mal stärker als die von Zucker. Viele Süßstoffe werden als Tropfen oder kleine Pillen verkauft. Die Süßkraft einer Portion entspricht meist der von einem Teelöffel Zucker.

Die Stoffe haben jedoch einen Eigengeschmack, den viele Menschen nicht mögen. Außerdem stehen Süßstoffe im Verdacht, heimliche Dickmacher zu sein. Ihr süßer Geschmack gaukelt dem Körper die Aufnahme von Zucker vor. Daraufhin soll die Insulinproduktion ansteigen, was wiederum den Blutzuckerspiegel abfallen lässt. Die Folgen sind ein verstärktes Hungergefühl oder sogar Heißhungerattacken. Dazu wurden zahlreiche Studien durchgeführt, das Ergebnis ist bisher nicht eindeutig. Die Deutsche Gesellschaft für Ernährung rät, Süßstoffe möglichst selten zu sich zu nehmen.

Wer kalorienarme Erfrischungsgetränke zubereiten möchte, sollte am besten flüssiges Stevia oder Cyclamat nehmen. Die Süßstoffe werden in praktischen Dosierflaschen angeboten und lassen sich leicht verarbeiten. Sparsames Dosieren ist angesagt, denn die Flüssigkeiten haben eine enorme Süßkraft.

Überhaupt nicht geeignet sind Süßstoffe bei der Produktion von Getränken auf Hefebasis. Die Hefekulturen brauchen Zucker, um ihre Arbeit zu verrichten und natürliche Kohlensäure entstehen zu lassen. Wer kalorienarme Erfrischungsgetränke zubereiten will, sollte lieber die Zuckermengen reduzieren. Meist gewöhnt man sich schnell an den herberen, aber auch erfrischend-säuerlichen Geschmack.

Hygiene bei der Getränkezubereitung

Für die Zubereitung der meisten Getränke in diesem Buch werden Obst, Zucker und Wasser frisch verarbeitet. Bei säurehaltigen Getränken ist das Risiko, dass man sich bei ihrem Genuss den Magen verdirbt oder gar eine Lebensmittelvergiftung zuzieht, verschwindend gering – zumindest wenn Limonade oder Eistee umgehend getrunken werden. Anders sieht es bei selbst gekochtem Sirup und bei unseren Getränken auf Hefebasis aus. Sie sollen länger haltbar sein und müssen zum Teil auch nachreifen. Hier ist penible Hygiene angesagt.

Händewaschen: Waschen Sie Ihre Hände sorgfältig mit Wasser und Seife, bevor Sie anfangen, Obst auszupressen oder Sirup einzukochen. Auch die Fingernägel, Kleidung und Schürze müssen sauber sein. Ein spezielles Händedesinfektionsmittel ohne Duft- und Farbstoffe in der Küche zu verwenden, ist sinnvoll. Die Spezialprodukte töten Keime zuverlässig und sind schonender für die Haut als Seife.

Obst reinigen: Putzen Sie frisches Obst sorgfältig und entfernen Sie schadhafte Stellen. Insbesondere in Erdkrümeln können sich Keime verbergen. Wer Beeren im Wald gesammelt hat, muss sie gründlich waschen. Das Risiko, sich durch Tierkot an Waldfrüchten mit Eiern des Fuchsbandwurms zu infizieren, ist sehr gering. Wer ganz sicher sein will, kocht die Beeren ab.

Tiefgekühltes behutsam auftauen: In Tiefgefrorenem sterben Keime nicht unbedingt ab, manchmal schlummern sie nur. Kommen sie plötzlich ins Warme, dann können sie sich explosionsartig vermehren. Diese Gefahr hält man in Schach, wenn man Tiefgefrorenes im Kühlschrank auftauen lässt. Legen Sie Gefriergut dort in eine Schüssel oder ein Sieb. Das Tauwasser wird weggekippt.

Lappen schnell trocknen: In Haushaltsschwämmen und Lappen finden Keime einen idealen Nährboden. Deshalb sollte man Lappen schnell trocknen, oft wechseln und heiß waschen. Schwämme und Bürsten kann man zwischendurch auch in der Geschirrspülmaschine reinigen.

Die Arbeitsbereiche trennen: Rohe tierische Produkte wie Eier, Fleisch und Fisch sollten nur in einem Bereich der Küche verarbeitet werden. Obst und Gemüse gehören an eine andere Stelle der Arbeitsfläche. Bretter und Messer sollten getrennt genutzt werden. Ansonsten säubern Sie Ihr Werkzeug zwischendurch gründlich mit heißem Wasser und Spülmittel.

Glasflaschen sterilisieren: Flaschen und Gläser, die verwendet werden, sollte man gründlich mit heißem Wasser und Geschirrspülmittel reinigen. Das geht bei Flaschen am besten mit einer speziellen Flaschenbürste. Um Flaschen und Gläser zu sterilisieren, müssen sie zunächst von angetrockneten Essensresten und anderem Schmutz befreit werden. Die Flaschen und Gläser stellt man in einen großen Topf mit Wasser. Der Wasserspiegel muss dabei mindestens 2 Zentimeter über den Flaschenhälsen sein.
3 Minuten sollte das Wasser sprudelnd kochen. Die Flaschen mit einer Zange herausholen. Auf Küchenpapier oder frisch gewaschenen Geschirrhandtüchern trocknen lassen. Alternativ kann man die Flaschen auch im Backofen 15 Minuten bei 120°C sterilisieren. Das funktioniert allerdings nur mit der Einstellung „Heißluft".

Gläser benutzen: Direkt aus der Limonadenflasche trinken sollte man nur, wenn man weiß, dass man die Flasche auch austrinken möchte. An den Flaschenhälsen können sich Keime sammeln und breitmachen. Trinken mehrere Personen aus der Flasche, dann können sich so Bakterien verbreiten. Deshalb gehören die gekühlten Getränke in separate Trinkgläser.

Gummis von den Flaschen lösen: Bügelflaschen sind praktisch und sehen außerdem gut aus. Gummis sorgen dafür, dass die Stopfen fest in den Hälsen sitzen. Unter ihnen können sich Keime bilden, deshalb sollte man die Gummis lösen, bevor man die Flaschen sterilisiert. Sie können aber im selben Wasser mitgekocht werden. Trockene Backofenhitze vertragen die Gummis allerdings nicht gut. Man kann sie auch mit einer Sterilisationsflüssigkeit aus der Apotheke abreiben.

PET-Flaschen austauschen: Wer Getränke auf Hefebasis in Einweg-PET-Flaschen ansetzt, darf diese nur ein Mal verwenden. Auch PET-Mehrweg-Flaschen sollten entsorgt und nicht wieder in den Mehrweg-Kreislauf gegeben werden. Die Gefahr, dass Rückstände von Hefe in den Flaschen bleiben oder sich in den Rillen Keimkulturen bilden, ist zu groß.

Kunststoffflaschen reinigen: Flaschen aus Kunststoff vertragen keine Hitze. Deshalb dürfen sie nicht durch Hitze sterilisiert werden. Keime kann man zum Beispiel mit Gebissreiniger-Tabs unschädlich machen. Dazu muss die Mengenangabe auf der Verpackung beachtet werden. Allerdings hinterlassen die Tabs ein leichtes Minzaroma in den Flaschen, das den Geschmack von anderen Getränken verfälschen kann.

Kühl stellen: Reste von Limonade, Energydrinks oder Eistee müssen umgehend in den Kühlschrank. Sie sollten innerhalb von zwei Tagen aufgebraucht werden. Lagern Sie Speisereste verschlossen oder abgedeckt. Überfüllen Sie den Kühlschrank nicht, die Luft muss zirkulieren. Die Temperatur im Kühlschrank muss auf höchstens 7°C eingestellt sein.

Sie sind kühl und fruchtig, prickelnd und köstlich – Limonaden versüßen nicht nur sonnige Sommertage. Allein auf der Basis der heimischen Fruchtsorten lässt sich eine unglaubliche Vielzahl von erfrischenden Getränken zubereiten. Dazu kommt das Aroma von Gewürzen, Kräutern und Blüten. In Sirup eingefangen, gibt es dem Geschmack Tiefe. Serviert in einer Glaskanne mit Eiswürfeln und Zitrusscheiben, sind selbst gemachte Limonaden ein naturreiner Genuss.

1 KLASSISCHE Limonaden

Fruchtige Erfrischung

Die Basis der meisten Limonaden ist ein Sirup. Ihn einzukochen ist kinderleicht. Man muss lediglich Wasser und Zucker zusammen aufkochen und dabei immer wieder umrühren. Durch ihren hohen Zuckergehalt ist die Flüssigkeit – in fest verschlossenen Gefäßen – auch ohne Kühlung haltbar. Es lohnt deshalb, Sirup in größeren Mengen herzustellen und ihn in sterilisierten Flasche abzufüllen (siehe Seite 20). In seiner simpelsten Form enthält Sirup nur Zucker und Wasser. Diese Mischung nennt man auch Läuterzucker.

Doch Sirup kann noch viel mehr: Mit Sirup lassen sich die Aromen von Obst, Kräutern, Gewürzen und Blüten bewahren, wenn sie Saison haben und besonders aromatisch sind. Wichtig ist, dass nur einwandfreie Früchte, Kräuter oder Blüten verwendet werden. Sonst finden Keime oder Schimmelpilze in dem Sirup einen Nährboden und verderben ihn.

Der Saft macht's

Äpfel, Birnen, Trauben, Kirschen und Himbeeren oder Mango, Papaya und Ananas – frisch gepresste Säfte sind lecker und gesund. Sie sind ideal für selbst gemachte Limonaden. Wer einen elektrischen Entsafter zu Hause hat, kann schnell und unkompliziert eine Menge Flüssigkeit aus den Früchten herausholen. Mit mechanischen Geräten wie Zitruspressen geht es auch. Der Saft, den man auf diese Weise gewinnt, muss sofort verbraucht werden.

Zitrusfrische bringt Aroma

Zitrusfrüchte wie Limetten und Zitronen enthalten natürliche Zitronensäure. Dieser Stoff hat die Eigenschaft, Aromen zur Entfaltung zu bringen. Durch Zucker wird dieser Geschmack noch verstärkt. Ein Spritzer Zitrussaft passt zu jeder Limonade und zu fast jedem Erfrischungsgetränk. Frisch gepresst und ohne Zusätze schmecken Zitrussäfte am besten – allerdings sollte man sie umgehend verbrauchen. Da man Zitronen und Limetten ohne Bedenken mehrere Tage zu Hause lagern kann, ist es aus Hygienegründen sicherer, sie bei Bedarf auszupressen. Das geht ganz einfach. Praktische Zitruspressen aus Kunststoff kann man schon für einige Euro im Haushaltswarenladen kaufen. Hochwertige Geräte gibt es auch aus Porzellan, Edelstahl oder Glas. Die Auswahl ist beinahe unbegrenzt.

Der Kohlensäure-Kick

Erst wenn es im Glas sprudelt, kommt für die meisten Limonadenfans die richtige Stimmung auf. Kohlensäure gibt dem Limonadenaroma einen frischen Kick. Das Gros unserer Limonadenrezepte funktioniert deshalb nach folgendem Prinzip: Wir mixen Fruchtsaft, Sirup und einen Spritzer Zitronensaft. Die Mischung geben wir in eine Kanne und gießen sie mit sprudelndem Mineralwasser auf.

Am besten kalt

Warmes Bier hat einen schlechten Ruf, warme Limonade aber auch. Völlig zu Recht. Menschen schmecken Zucker umso stärker hervor, je wärmer eine Speise oder ein Getränk ist. Eine kalte Limonade erscheint uns weniger süß, bei ihr treten andere Aromen in den Vordergrund. Bei ungefähr 5 °C schmeckt Limonade besonders gut. Eine optimale Temperatur erreicht man zum Beispiel mit frischen Säften, Mineralwasser aus dem Kühlschrank und zwei großen Eiswürfeln im Glas.

Grundanleitung: Limonaden mit Sirupbasis

1. Wasser, Zucker und Fruchtsaft/Kräuter etc. in einem Topf aufkochen, bis sich der Zucker aufgelöst hat.

2. Sirup abkühlen lassen.

3. Eiswürfel und eventuell Zitrusscheiben und Kräuter in eine Kanne geben, Sirup ergänzen, dann mit Mineralwasser auffüllen.

Klassische Zitronenlimonade

25 Minuten + Kühlzeit | 1,5 Liter
Pro Glas 19 g Zucker | 84 kcal

Zutaten 4 Bio-Zitronen | 140 g heller Rohrzucker | 1 Prise Salz **Zum Servieren** 700 ml kaltes, stark sprudelndes Mineralwasser | 5 Stängel Zitronenmelisse | Eiswürfel | 1 Bio-Zitrone

1. Zitronen heiß abspülen und trocken reiben. Mit einem Sparschäler oder Zestenreißer die Schale einer Zitrone in Spiralen dünn abschälen. Alle Zitronen auspressen. Es werden knapp 200 ml Zitronensaft benötigt.
2. 500 ml Wasser mit dem Zucker, dem Zitronensaft und einer Prise Salz aufkochen. Die Zitronenschalen dazugeben. Dann die Limonadenbasis abkühlen lassen.
3. Die andere Zitrone in halbe Scheiben schneiden. Die Zitronenschalen aus der Basis entfernen. In einer großen Glaskanne Eiswürfel, Zitronenmelisse und Zitronenscheiben anrichten. Erst mit der Limonadenbasis, dann mit dem kühlen Mineralwasser aufgießen.

Blitz-Bitter-Lemon

10 Minuten | 6–8 Gläser
Pro Glas (bei 8 Gläsern) 6 g Zucker | 29 kcal

Zutaten 3 Bio-Zitronen | 6 TL heller Rohrzucker | 1 Prise Salz | 5 Eiswürfel **Zum Servieren** 700 ml kaltes, stark sprudelndes Mineralwasser | Eiswürfel

1. Die Zitronen heiß abspülen und gründlich trocken reiben. Bei zwei Zitronen werden zunächst die Spitzen abgeschnitten. Diese Zitronen längs vierteln. Den dicken Faserstrang in der Mitte entfernen. Das Fruchtfleisch grob würfeln und in einen Standmixer geben.
2. Den Zucker, das Salz, die Eiswürfel und 200 ml Wasser dazugeben. Auf höchster Stufe etwa 2 Minuten lang mixen.
3. Die letzte Zitrone in Scheiben schneiden.
4. Eiswürfel und Zitronenscheiben in Gläsern anrichten. Mit dem Blitz-Bitter-Lemon und dem kühlen Mineralwasser aufgießen.

Tipp Wer keinen Standmixer hat, kann auch einen Pürierstab verwenden. In diesem Fall ist die Zubereitungszeit etwas länger.

Limetten-Kräuter-Limonade

30 Minuten + Ziehzeit | 1,5 Liter
Pro Glas 15 g Zucker | 66 kcal

Zutaten 90 g heller Rohrzucker | 150 ml Limettensaft | 1 Prise Salz | 3 Zweige Thai-Basilikum | 2 Stängel Zitronengras | 1 Stück Ingwer (ca. 2 cm) **Zum Servieren** 1 Zweig Thai-Basilikum | 2 Stängel Zitronengras | 700 ml kaltes, stark sprudelndes Mineralwasser | Eiswürfel

1. 500 ml Wasser mit dem Zucker, dem Limettensaft und einer Prise Salz aufkochen lassen. Abschmecken.
2. Das Thai-Basilikum und das Zitronengras abwaschen und trocknen. Die Zitronengrasstängel halbieren und mit der Schnittkante auf ein Brett legen. Mit einem Fleischklopfer oder der Rückseite eines Messers kräftig auf das Zitronengras klopfen. Den Ingwer schälen und in dünne Scheiben schneiden.
3. Thai-Basilikumzweige, das Zitronengras und den Ingwer in eine Schüssel geben. Die Limonadenbasis darübergießen. Mehrere Stunden oder über Nacht ziehen lassen.
4. Vor dem Servieren Zitronengras, Ingwer und Thai-Basilikum entfernen.
5. Von einem Zweig Thai-Basilikum die Blätter abzupfen. Die Zitronengrasstängel vierteln.
6. In Gläsern Eiswürfel, Basilikumblätter und Zitronengrasstängel anrichten. Mit der Limettenlimonade und kühlem Mineralwasser aufgießen.

Info Thai-Basilikum wird in Asia-Supermärkten auch unter der Bezeichnung „Bai Horapa“ verkauft. Es schmeckt deutlich nach Anis und Lakritze. Wer keines kaufen kann, kann diese Limonade auch ersatzweise mit Minze zubereiten.

Erdbeer-Melissen-Limo

20 Minuten + Kühlzeit | 1,5 Liter
Pro Glas 9 g Zucker | 55 kcal | 9 % des Folat-Tb.

Zutaten 1 kg frische Erdbeeren (ersatzweise TK) | 5 Melissezweige | etwa 2 EL Agavendicksaft oder Puderzucker | 1 EL Zitronensaft zum Abschmecken **Zum Servieren** 700 ml kaltes, stark sprudelndes Mineralwasser | 2 Melissezweige

1. Die Erdbeeren waschen und putzen, die grünen Blattansätze entfernen. Einige schöne Erdbeeren zur Dekoration beiseitelegen.
2. Das Fruchtfleisch auf höchster Stufe mit 100 ml Wasser etwa 2 Minuten lang mixen.
3. Die Melissezweige gründlich abwaschen und in den Erdbeermix geben, mindestens 3 Stunden im Kühlschrank ziehen lassen.
4. Die Zweige entfernen. Das Püree durch ein feines Sieb streichen. Den aufgefangenen Saft mit Agavendicksaft oder Puderzucker und Zitronensaft abschmecken.
5. Die restlichen Melissezweige abwaschen, die Blättchen abzupfen. In Gläsern Eiswürfel, Erdbeeren und Melisseblätter anrichten. Mit dem Erdbeersaft und dem kühlen Mineralwasser aufgießen.

Frühlingslimonade

40 Minuten + Kühlzeit | 1,5 Liter
Pro Glas 13 g Zucker | 67 kcal

Zutaten 2 kg Rhabarber | 80 g heller Rohrzucker | 30 ml Zitronensaft | 3 EL Holunderblütensirup **Zum Servieren** 700 ml kaltes, stark sprudelndes Mineralwasser | 1 Bio-Zitrone | Eiswürfel

1. Die Rhabarberstangen gut abwaschen. Beide Enden der Stangen abschneiden. Eine halbe Stange beiseitelegen. Die restlichen Rhabarberstangen grob würfeln.
2. Den Rhabarber mit 500 ml Wasser, dem Zucker und dem Zitronensaft aufkochen lassen. Bei schwacher Hitze etwa eine halbe Stunde sanft köcheln lassen.
3. Rhabarber in ein feines Sieb geben und kräftig ausdrücken. Aufgefangene Flüssigkeit abkühlen lassen und mit dem Holunderblütensirup abschmecken.
4. Die halbe Rhabarberstange in dünne Stäbchen schneiden. Die Zitrone waschen und in Scheiben schneiden.
5. Die Gläser mit Eiswürfeln, Zitronenscheiben und den Rhabarbersticks dekorieren. Mit der Limonadenbasis und kühlem Mineralwasser aufgießen.

Himbeer-Basilikum-Spritz

35 Minuten + Ziehzeit | 1,5 Liter
Pro Glas 12 g Zucker | 55 kcal | 20 % des Vitamin-C-Tagesbedarfs

Zutaten 1 kg Himbeeren, frisch oder tiefgekühlt | 20 ml Zitronensaft | 80 g Blütenhonig | 1 EL Vanillesirup | 5 Basilikumzweige **Zum Servieren** 2 Basilikumzweige | 1 Bio-Zitrone | 1 l stark sprudelndes Mineralwasser | Eiswürfel

1. Die Himbeeren zusammen mit 250 ml Wasser und dem Zitronensaft aufkochen. Dabei immer wieder umrühren.
2. Die heiße Himbeerflüssigkeit durch ein sehr feines Sieb gießen und passieren, sodass die Kerne und das Fruchtfleisch aussortiert werden. Den heißen Saft mit Honig und Vanillesirup gründlich verrühren.
3. Die Basilikumzweige abwaschen. Die Flüssigkeit mit dem Basilikum abgedeckt über Nacht ziehen lassen. Die Basilikumzweige am nächsten Tag herausnehmen.
4. Zum Servieren das Basilikum waschen. Zitrone heiß abwaschen, trocken reiben und in Achtel schneiden.
5. Den Saft in einer großen Glaskanne mit dem Mineralwasser aufgießen. Einmal vorsichtig mit einem großen Löffel umrühren. Eiswürfel, Zitronenachtel und Basilikumblätter dazugeben.

Schnelle Grapefruit-limonade

15 Minuten | 1,5 Liter
Pro Glas 8 g Zucker | 43 kcal | 20 % des Vit-C-Tb.

Zutaten 3 Grapefruits | 100 ml Aroniasaft | 2 EL Agavendicksaft oder Puderzucker **Zum Servieren** Eiswürfel | 700 ml kaltes, stark sprudelndes Mineralwasser

1. Die Grapefruits halbieren und auspressen. Den Aroniasaft dazugeben. Mit Agavendicksaft oder Puderzucker abschmecken.
2. Eiswürfel in große Gläser füllen. Mit dem Grapefruitmix und dem kühlen Mineralwasser aufgießen.

Schnelle Maracuja-limonade

15 Minuten | 1,5 Liter
Pro Glas 9 g Zucker | 43 kcal

Zutaten 500 ml Maracujanektar | 20 ml Limettensaft | evtl. 1 EL Agavendicksaft oder Kokosblütensirup **Zum Servieren** 3 Passionsfrüchte | 700 ml kaltes, stark sprudelndes Mineralwasser | Eiswürfel

1. Den Maracujanektar mit dem Limettensaft abschmecken. Eventuell mit Agavendicksaft oder Kokosblütensirup nachsüßen. Gut verrühren.
2. Die Passionsfrüchte halbieren. Das Fruchtfleisch und die Kerne aus der Schale lösen.
3. Eiswürfel und jeweils 2 TL Fruchtfleisch und Kerne der Passionsfrüchte in Gläser füllen. Mit dem Maracujasaft und kaltem Mineralwasser auffüllen.

Wassermelonen-Minze-Cooler

30 MINUTEN + 3 STUNDEN EINFRIEREN | 1,5 LITER
Pro Glas 6 g Zucker | 30 kcal | 15 % des Vitamin-B5-Tagesbedarfs

Zutaten 1 kg Wassermelone | 60 ml Limettensaft | 3 Minzezweige **Zum Servieren** 700 ml kaltes, stark sprudelndes Mineralwasser | Eiswürfel | 2 Minzezweige

1. Die Wassermelone eventuell vierteln, die harte Schale und die Kerne entfernen. Direkt an der Schale ist das Fruchtfleisch fest. Einen Teil dieses Fruchtfleisches in etwa 20 bis 30 Würfel schneiden. Sie sollten etwa 2 cm groß sein.

2. Die Würfel mit ein wenig Abstand in eine flache Schale legen. Für mindestens 3 Stunden einfrieren.

3. Das restliche Fruchtfleisch zusammen mit dem Limettensaft entweder im Standmixer oder mit dem Pürierstab fein zerkleinern. Abschmecken. Die Getränkebasis mit den Minzezweigen im Kühlschrank etwa 3 Stunden ziehen lassen, dann die Minzezweige entfernen.

4. Von den Minzezweigen zum Servieren die Blätter abzupfen. Die Gläser mit Eiswürfeln, den gefrorenen Melonenwürfeln und Minzblättchen dekorieren. Mit dem Melonenpüree und kaltem Mineralwasser aufgießen.

Tipp Im Sommer wird in Gärtnereien oft Erdbeerminze verkauft. Diese Minzsorte passt besonders gut zu Limonaden.

„Hugo Style"

15 Minuten | 1,5 Liter
Pro Glas 16 g Zucker | 75 kcal | 10 % des Folat-Tb.

Zutaten 700 ml säuerlicher Traubensaft (Natursaft oder selbst gepresst) | 40 ml Limettensaft | 4 TL Holunderblütensirup **Zum Servieren** 1 Bio-Limette | 6 Minzezweige | Eiswürfel | 700 ml gut gekühltes Mineralwasser

1. Gegebenenfalls die Trauben auspressen, den Saft beiseitestellen. Den Saft mit dem Limettensaft und dem Holunderblütensirup in einer Schüssel gründlich verrühren und abschmecken. Wichtig: Ist der Traubensaft von sich aus sehr süß, lieber nur 500 ml Traubensaft und 200 ml Wasser mehr verwenden.
2. Die Limette heiß abwaschen, trocken reiben und grob würfeln. Die Minzezweige gründlich waschen, die Blättchen abzupfen.
3. In große Wassergläser Eiswürfel, Limettenstücke und Minzeblätter legen. Erst mit der Traubensaftmischung, dann mit dem Mineralwasser aufgießen.

Tipp In Sektgläsern serviert, wird die Hugo-Limonade zu einem erfrischenden, alkoholfreien Aperitif.

Tonic Water

50 Minuten | 2,5 Liter (0,3 Liter Sirup)
Pro Glas 16 g Zucker | 69 kcal

Zutaten 1 Stängel Zitronengras | 2 Bio-Zitronen | 3 EL gemahlene Chinarinde (Apotheke) | 1 TL Wacholderbeeren | 1 Prise Salz | 10 g Zitronensäure | 200 g heller Rohrzucker **Zum Servieren** 2 l stark sprudelndes Mineralwasser | Eiswürfel | 1 Bio-Zitrone

1. Das Zitronengras waschen und grob hacken. Die Zitronen heiß abwaschen und gründlich trocken reiben. Die Schale mit einem Sparschäler dünn abhobeln. Anschließend die Zitronen auspressen.
2. Den Zitronensaft und 250 ml Wasser zusammen mit der Zitronenschale, dem Zitronengras, der Chinarinde, den Wacholderbeeren, Salz und Zitronensäure aufkochen lassen. Anschließend bei geringer Hitze etwa 30 Minuten köcheln lassen. Ein wenig abkühlen lassen.
3. Den Sud durch einen Kaffeefilter gießen, um die Gewürze zu entfernen. Dann die Flüssigkeit mit dem Rohrzucker langsam aufkochen lassen. Den heißen Sirup in eine sterilisierte Flasche füllen.
4. Das Tonic Water wird in der Mischung ein Teil Sirup, acht Teile Mineralwasser aufgegossen und mit Eiswürfeln und Zitronenscheiben serviert.

Mandarinen-Minze-Limonade

20 Minuten + Kühlzeit | 1,5 Liter

Pro Glas 6 g Zucker | 33 kcal | 25 % des Vitamin-C-Tagesbedarfs

Zutaten 1,3 kg kernlose Mandarinen | 4 Minzezweige | 10 Kapseln Kardamom | 1 Stange Zimt | evtl. 1 EL Puderzucker | 1 EL Zitronensaft zum Abschmecken **Zum Servieren** 700 ml kaltes, stark sprudelndes Mineralwasser | 2 Minzezweige

1. Die Mandarinen pellen, die Faserstränge entfernen. Zwei Mandarinen beiseitelegen. Das Fruchtfleisch auf höchster Stufe mit 200 ml Wasser etwa 2 Minuten lang mit dem Pürierstab mixen.

2. Die Minzezweige gründlich abwaschen. Die Kardamomkapseln im Mörser leicht andrücken. Den Mandarinensaft mit Minze, Kardamom und Zimt mindestens 3 Stunden im Kühlschrank ziehen lassen.

3. Minze, Kardamom und Zimt entfernen. Den Saft durch ein feines Sieb gießen. Mit Zitronensaft abschmecken, eventuell nachsüßen.

4. Die übrig gebliebenen Mandarinen teilen. Die Faserstränge von den Segmenten entfernen.

5. In Gläsern Eiswürfel und Mandarinensegmente anrichten. Mit dem Mandarinensaft und dem kühlen Mineralwasser aufgießen, mit gewaschenen Minzblättern dekorieren.

Tipp Da die aromatischsten Mandarinen im Spätherbst im Handel sind, kann man diese Limonade auch als alkoholfreien Aperitif in der Weihnachtszeit servieren.

Apfel-Verbenen-Limonade

15 Minuten | 1,5 Liter
Pro Glas 12 g Zucker | 58 kcal

Zutaten 700 ml Apfelsaft (Natursaft oder selbst gepresst) | 40 ml Zitronensaft | 2 TL Vanillesirup | evtl. 2 EL Apfeldicksaft oder Agavendicksaft | 4 Zweige Zitronenverbene **Zum Servieren** 1 Bio-Zitrone | Eiswürfel | 4 Zweige Zitronenverbene | 700 ml gut gekühltes, stark sprudelndes Mineralwasser

1. Gegebenenfalls die Äpfel auspressen, den Saft bereitstellen. Mit Zitronensaft und Vanillesirup in einer Schüssel gründlich verrühren und abschmecken. Falls saure Äpfel verwendet wurden, die Limonadenbasis eventuell mit Agavendicksaft oder Apfeldicksaft nachsüßen.
2. Die Limonadenbasis zusammen mit den Zitronenverbenenzweigen etwa 2 Stunden kalt stellen.
3. Die Zitrone heiß abwaschen und trocken reiben, in halbe Scheiben schneiden. Eiswürfel, Zitronenscheiben und frische Zitronenverbenenzweige in einer Kanne oder in Gläsern drapieren. Erst mit der Limonadenbasis, dann mit dem Mineralwasser aufgießen.

Tipp Zusätzlich zu den Eiswürfeln kann man die Limonade auch mit gefrorenen Stachelbeeren servieren. Dazu Stachelbeeren gründlich abwaschen und in einer flachen Schale für mindestens 3 Stunden einfrieren.

Limonade mit Limetten, Ingwer und Minze

35 Minuten + Ziehzeit | 2,5 Liter
Pro Glas 16 g Zucker | 70 kcal

Zutaten 4 Bio-Limetten | 1 Stück frischer Ingwer (etwa 4 cm) | 180 g Sirup- oder Einmachzucker ohne Pektin | 5 Minzezweige **Zum Servieren** 3 Bio-Limetten | 4 Minzezweige 2,1 l Mineralwasser (3 Flaschen)

1. Die Limetten heiß abspülen und trocken reiben. Von einer Limette die Hälfte der Schale mit einem Sparschäler oder einem Zestenreißer dünn abschälen. Vier Limetten halbieren und den Saft auspressen. Den Ingwer schälen und in dünne Scheiben schneiden.

2. Limettenschale und -saft, Ingwerscheiben, 250 ml Wasser und den Zucker etwa 10 bis 15 Minuten bei mittlerer Hitze ohne Deckel zu einem Sirup einkochen lassen. Die Minzezweige abwaschen. Den heißen Sirup durch ein feines Sieb auf die Kräuter gießen. Den Sirup mit der Minze abgedeckt über Nacht im Kühlschrank durchziehen lassen.

3. Zum Servieren die restlichen Minzezweige waschen, Limetten heiß abwaschen, trocken reiben und in Achtel schneiden. Jeweils ein Drittel des Sirups (etwa 100 ml) in einer großen Glaskanne mit 700 ml (eine Flasche) stark sprudelndem Mineralwasser aufgießen. Einmal vorsichtig mit einem großen Löffel umrühren. Eiswürfel, Limettenachtel und Minzezweige dazugeben.

Info Der Sirup hält sich in einer fest verschlossenen Flasche im Kühlschrank bis zu vier Wochen.

Tipp Das Rezept kann auch mit drei Bio-Zitronen anstelle von Limetten zubereitet werden. Da auch die Schale verwendet wird, dürfen die Zitrusfrüchte nicht mit Konservierungsstoffen oder Wachsen behandelt sein.

Lemonade

Der Profi für den perfekten Sirup

Sebastian Weichbrodt

Mit Patisserie verbinden Laien vor allem Torten und Kuchenkunstwerke. Warum lernt man auch die Sirupzubereitung?
In der Patisserie lernt man alles, was mit Süßspeisen zu tun hat. Sirups haben in der gehobenen Küche eine wichtige Funktion. Sie verfeinern den Geschmack von Speisen und können die unterschiedlichsten Aromen von Kräutern, Früchten oder Gewürzen transportieren. In Bars wird viel mit Sirups gearbeitet, aber auch beim Backen. Bisquitböden werden mit Sirup getränkt, das verhindert das Austrocknen und es gibt zusätzliches Aroma.

Welche Vorteile hat Ihrer Erfahrung nach das Kochen mit Sirup?
Einer der größten Vorteile liegt sicherlich darin, dass man durch das Einkochen von Sirups saisonale Aromen bewahren kann. Der Hauptbestandteil von Sirup ist Zucker – und Zucker ist ein sehr gutes Konservierungsmittel. Im Kühlschrank hält sich Sirup mehrere Monate lang. Wenn ich mir unsicher bin, ob ein Sirup noch haltbar ist, koche ich ihn einfach noch einmal auf.

Holunderblütensirup ist sehr beliebt. Wie kochen Sie diese Sirupsorte?
Zunächst einmal sammle ich die Dolden im Wald. Pro Liter braucht man etwa fünf Dolden. Die Blüten sollte man zunächst abklopfen und dann kurz abbrausen. Ein häufiger Fehler ist, dass die Blüten aus Angst vor Ungeziefer zu stark gereinigt werden. Dabei geht jedoch der Hauptteil des Blütenstaubs verloren und gerade der bringt Geschmack. Zu den Blüten gebe ich noch eine grob gewürfelte Bio-Orange, frische Minze und Vanillemark. Darüber gieße ich dann Läuterzucker und lasse die Mischung etwa vier bis fünf Tage ziehen. Danach wird der Sirup in Flaschen abgefüllt.

Was ist Läuterzucker?
Läuterzucker ist die einfachste Sirup-Variante. Man kocht 1 Liter Wasser mit 1 Kilogramm Zucker auf.

Welchen Tipp geben Sie jemandem, der sich das erste Mal an einen Sirup wagt?
Wählen Sie eine einfache Sorte. Wer mit Gewürzen oder Kräutern experimentiert, darf nicht zu viel auf einmal wollen. Mit einem Sirup, der aus Wasser, Zucker und Zitronenschalen gekocht wird, kann man schon sehr gut Getränke mixen und Desserts verfeinern. Beim nächsten Mal gibt man vielleicht eine Zimtstange dazu, später dann noch etwas Minze ...

Sebastian Weichbrodt ist gelernter Koch, in London hat er eine Zusatzausbildung als Patissier absolviert. Zu seinen Spezialitäten gehören Marmeladen und verschiedene Sirups, die er in den letzten Jahren in einem eigenen Café und über einen Internetversand vertrieben hat.

Orangenlimonade

20 Minuten + Ziehzeit | 1,5 Liter
Pro Glas 7 g Zucker | 38 kcal | 30 % des Vitamin-C-Tagesbedarfs

Zutaten 7 Bio-Orangen | 1 EL Zitronensaft | 2 EL Agavendicksaft oder Puderzucker **Zum Servieren** 1 l kaltes, stark sprudelndes Mineralwasser | Eiswürfel

1. Drei Orangen heiß abspülen und trocken reiben. Anschließend mit einem Sparschäler die Schalen von zwei dieser Orangen in Spiralen dünn abschälen. Die andere gewaschene Orange beiseitelegen. Die beiden geschälten Orangen und die restlichen vier halbieren und auspressen. Den Saft mit Zitronensaft und Agavendicksaft oder Puderzucker mischen. Die Orangenschalen in die Mischung geben. Etwa 2 Stunden im Kühlschrank ziehen lassen.

2. Die Orangenschalen entfernen. Die letzte Orange in Scheiben schneiden.

3. Eine Glaskanne mit Eiswürfeln und Orangenscheiben dekorieren. Zuerst mit der Limonadenbasis, dann mit dem kühlen Mineralwasser aufgießen.

Ein sanftes Schäumen im Glas, ein leichtes Kribbeln auf der Zunge – Getränke, die ihre Kohlensäure selbst produzieren, bieten Genuss für alle Sinne. Wasserkefirkulturen, Reinhefe oder Kombuchapilze bringen ein wahres Kunststück fertig: Sie verwandeln Zucker, Wasser, Tees und Säfte in prickelnde Erfrischungsgetränke. Der Umgang mit den Hefen ist unkompliziert, allerdings dauert es einige Tage, bis sie ihr Werk vollbracht haben. Wer sich selbst an die Getränkeproduktion mit Hefekulturen macht, wird staunen. Wie durch Zauberhand scheint sich das Aroma von Früchten und Kräutern gleichzeitig zu verfeinern und zu verstärken.

PRICKELNDES MIT Hefekulturen

2

Getränke mit Hefekulturen

Wenn Zucker und Hefekulturen in einer Flüssigkeit aufeinandertreffen, dann entsteht natürliche Kohlensäure. Nach zwei bis drei Tagen wird das Fruchtaroma intensiver, der Zuckergeschmack schwächer. Auch Alkohol bildet sich in geringen Mengen (ca. 0,5 bis 1 Prozent). Für Kinder und Schwangere sind die Getränke deshalb nicht geeignet. Mit einem Alkoholmesser können Sie überprüfen, ob der Alkoholgehalt in einem für Sie akzeptablen Rahmen ist. Es entstehen auch andere Säuren wie Essigsäure und Milchsäure. Die Säuren und der Alkohol verhindern in der Regel, dass das Getränk verdirbt. Wenn die Flaschen gut gefüllt und fest verschlossen sind, sorgt dies zusätzlich dafür, dass kein Schimmel entsteht. Sollte sich dennoch an der Oberfläche eine pelzige Schicht bilden, muss die Mischung sofort entsorgt werden.

Grundrezept mit Reinzuchthefe

Reinzuchthefe ist im Fachhandel und im Internet erhältlich. Man kann sie auch in der Apotheke bestellen. Alternativ funktioniert Trockenhefe aus dem Supermarkt.

Geräte PET-Flasche mit Deckel (Fassungsvermögen von mind. 1,5 l) | Sieb, Löffel, Trichter aus Kunststoff | Topf | ggf. elektrische Saftpresse oder ein Passiersieb | Bügelflaschen

Zutaten 90 g Zucker | 500 ml Naturfruchtsaft nach Geschmack oder frisch gepresster Saft aus etwa 1 kg Früchten | 1 TL Zitronensaft | 1 Prise Salz | 1 Msp. Champagnerhefe oder Reinzuchthefe

1. Den Zucker in 500 ml Wasser aufkochen, bis er sich aufgelöst hat. Abkühlen lassen. Wer es eilig hat, stellt den Topf dazu in ein Waschbecken mit kaltem Wasser.

2. Gegebenenfalls Früchte auspressen (oder Naturfruchtsaft verwenden).

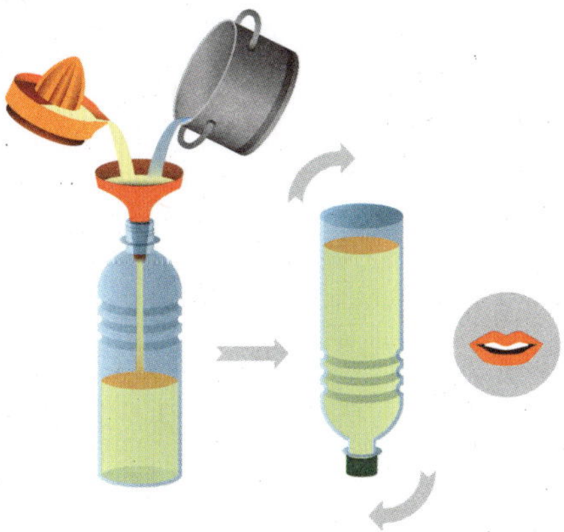

3. Den Fruchtsaft mit dem Zuckerwasser in eine PET-Flasche füllen. Den Zitronensaft und die Prise Salz dazugeben. Die Flasche auf den Kopf und zurück kippen. Jetzt abschmecken. Die Mischung darf ein wenig zu süß sein. Ist sie nicht süß genug, etwas Zucker in wenig heißem Wasser auflösen und später in die abgekühlte Flüssigkeit gießen. Wenn sie extrem süß ist, verlängert man die Mischung mit Wasser und einem weiteren Teelöffel Zitronensaft.

4. Die Hefe dazugeben. Die Flasche fest zudrehen. Sehr vorsichtig einmal auf den Kopf und zurück kippen. Dann die Flasche zur Reifung an einen dunklen Ort stellen. Das Gefäß darf nicht in der prallen Sonne stehen. Optimal sind 20°C.

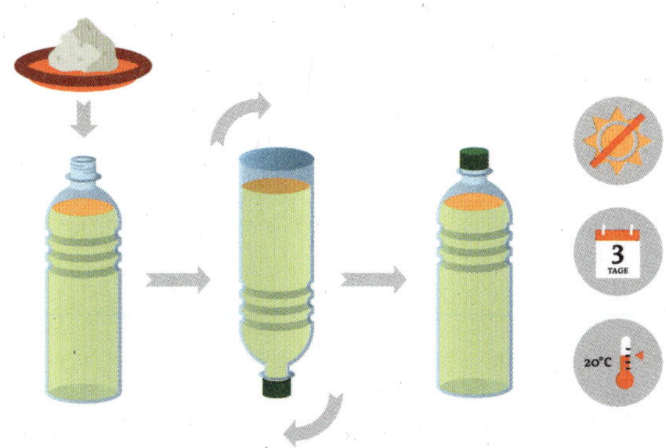

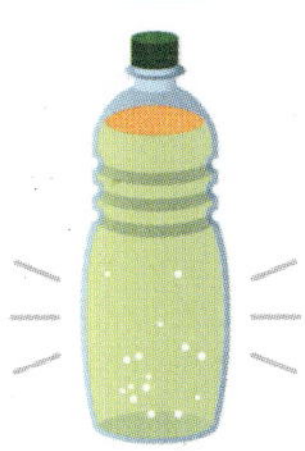

5. Nach drei Tagen ist die Limonade fertig. Die PET-Flasche wölbt sich leicht nach außen und fühlt sich prall an.

6. Das Getränk vorsichtig durch einen Kunststofftrichter in Bügelflaschen abfüllen. In den Kühlschrank stellen, um die Kohlensäurebildung zu stoppen. Zwei Tage nachreifen lassen. Das Getränk hält sich im Kühlschrank bis zu drei Wochen.

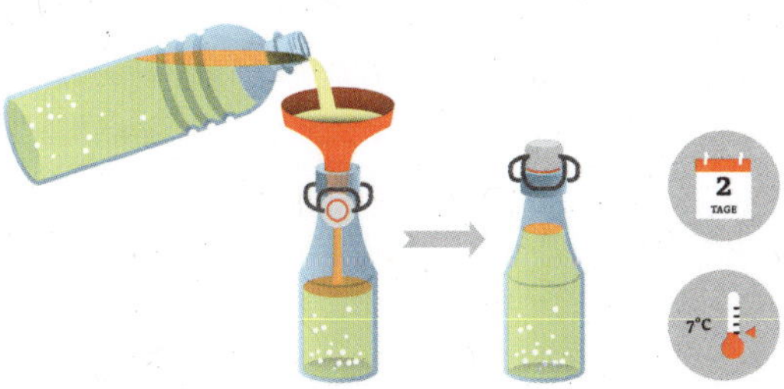

Tipp Damit es beim Umfüllen nicht zu sehr sprudelt, einen Holzstab oder einen Bambusspieß in den Trichter stecken und vorsichtig gießen.

Grundrezept mit Wasserkefir

Wasserkerfirkulturen bestehen aus Hefe und Milchsäurebakterien. Die kleinen Kristalle produzieren ein leicht süßes, prickelndes Getränk. Es hat nur wenig Eigengeschmack. In Kombination mit Früchten wird es zu einer erfrischenden Limonade. Die Kulturen können im Internet bestellt werden. Da sie sich sehr schnell vermehren, können sie auch gut an andere Selbermach-Fans weiterverschenkt werden.

Geräte Kunststoffsieb | großes Glasgefäß (2 l Fassungsvermögen, z. B. ein großes Einmachglas) | Stoffstück oder Küchenpapier | Gummiband | 2 Kannen bzw. Flaschen (insgesamt 2 l Fassungsvermögen)

Zutaten 4 EL Zucker | 40 g Wasserkefirkulturen, das sind etwa 6 TL (Vorsicht, beim Abmessen keinen Metalllöffel verwenden!) | 10 ungeschwefelte Rosinen oder andere Trockenfrüchte (z. B. 1 Feige oder 2 Aprikosen) | 2 Zitronenviertel (Bio oder geschält)

1. Zucker in 500 ml heißem Wasser auflösen. Dann 500 ml kaltes Wasser dazugeben. Die Flüssigkeit vollständig abkühlen lassen.

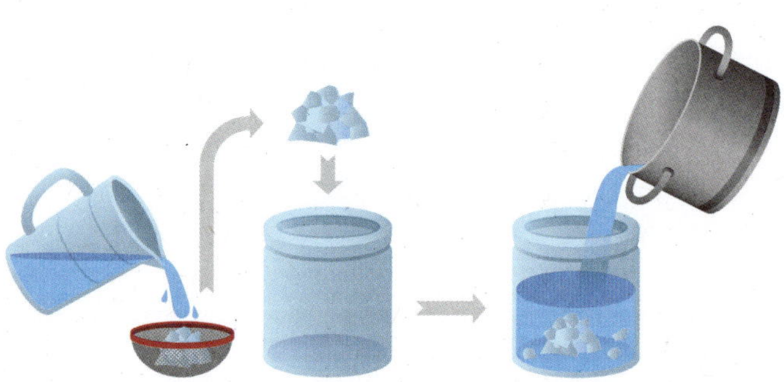

2. Die Kefirkristalle im Kunststoffsieb vorsichtig unter lauwarmem Wasser abspülen. Anschließend in ein großes Glasgefäß geben, das ungefähr 2 Liter fasst. Behutsam mit dem Zuckerwasser aufgießen.

3. Die Trockenfrüchte und die Zitronenstücke dazugeben. Das Glas mit einem Stück Stoff oder Küchenpapier bedecken und mit einem Gummiband befestigen. Das Getränk bei Raumtemperatur reifen lassen. Vermutlich steigen bereits nach einigen Stunden kleine Wasserblasen auf. Sie werden sich in den nächsten beiden Tagen noch vermehren. Durch die Kohlensäure bekommen die Trockenfrüchte Auftrieb und steigen an die Oberfläche.

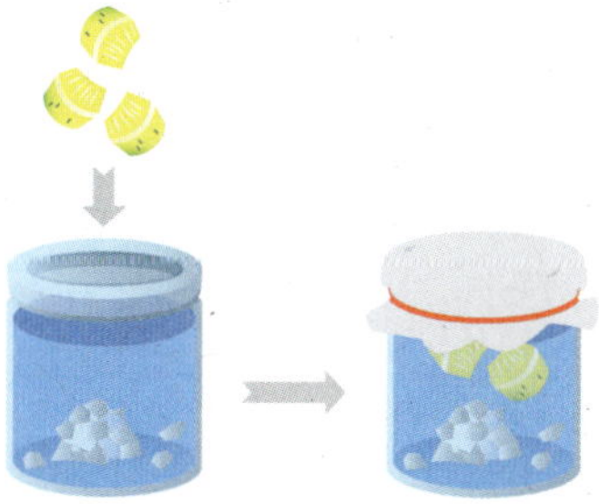

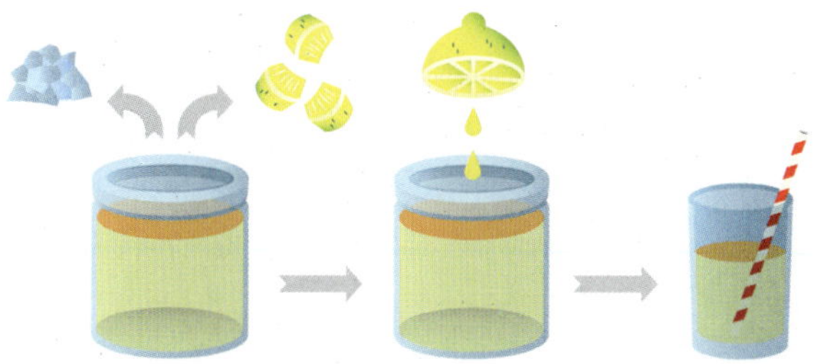

4. Nach zwei bis drei Tagen ist der Wasserkefir fertig. Zunächst entfernt man die Zitrone. Der Wasserkefir wird durch das Kunststoffsieb in eine Kanne oder Flasche abgegossen, die Kristalle werden dabei aufgefangen. Die Trockenfrüchte entfernen, die Zitrone wird in die Flüssigkeit ausgepresst. Der Wasserkefir kann sofort getrunken werden, allerdings schmeckt er gut gekühlt besser.

5. Die Kristalle gründlich unter handwarmem Wasser abspülen. In einem sauberen Glas mit etwas Zuckerwasser in den Kühlschrank stellen und für den nächsten Ansatz verwenden.

Tipp Trockenfrüchte geben dem Wasserkefir Aroma. Gut geeignet sind Rosinen, Aprikosen und Pflaumen. Auch getrocknete Feigen können verwendet werden, allerdings blähen diese sich nach einiger Zeit auf. Beim Abgießen können Feigen leicht platzen. Dabei geben sie winzige Samenkörner frei und verunreinigen den Ansatz.

Grundrezept mit Kombucha

Der Kombuchapilz, auch Teepilz genannt, ist kein echter Pilz, sondern eine Symbiose aus verschiedenen Hefen und Essigsäurebakterien. Das Gärgetränk wird seit Jahrtausenden in Asien zubereitet und ist Teil der Volksmedizin. Kombuchapilze können über das Internet und selten auch in Reformhäusern oder Bioläden gekauft werden.

Geräte Teekanne | ggf. Tee-Ei | Einweghandschuhe | großes Glasgefäß (2 l Fassungsvermögen, z. B. ein großes Einmachglas) | Stoffstück oder Küchenpapier | Gummiband | Kunststofflöffel oder -kelle

Zutaten 5 Beutel oder 2–3 EL schwarzer Tee | 90 g Rohrzucker | 1 Kombuchapilz | 100 ml Ansatzflüssigkeit des Kombuchapilzes

Info Der Kombuchapilz wird sich nach einigen Wochen teilen und vorher womöglich Schlieren bilden. Außerdem kann der Pilz sinken oder an die Oberfläche steigen. Die Qualität des Pilzes leidet nicht darunter. Bildet sich jedoch Schimmel oder verändern sich Farbe und Geruch, dann müssen der Pilz und die gesamte Ansatzflüssigkeit weggeworfen werden.

Tipp Kombuchatrank hat einen relativ hohen Zuckergehalt und enthält obendrein Koffein. Deshalb sollte man das Getränk nur in Maßen genießen. Mit leicht sprudelndem Mineralwasser lässt sich der Trank verlängern.

1. Den Tee mit 900 ml Wasser nach Packungsanweisung zubereiten. Auch grüner Tee, Oolong oder Früchtetees sind geeignet. Wichtig ist, dass die Teesorten keine ätherischen Öle enthalten wie z. B. Earl Grey. Die Teebeutel entfernen oder den fertigen Tee durch ein Sieb gießen.

2. Den Zucker unterrühren. Die Flüssigkeit vollständig abkühlen lassen. Wenn es schnell gehen soll, die Teekanne in ein kaltes Wasserbad stellen.

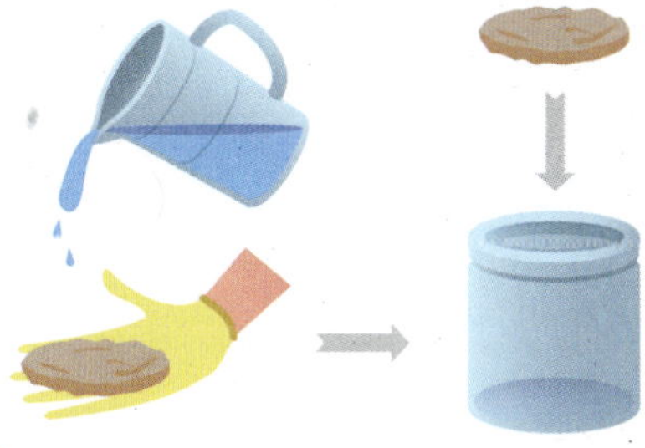

3. Den Kombuchapilz vorsichtig unter handwarmem Wasser abspülen. Dabei möglichst Einweghandschuhe tragen. Den Pilz in ein Glasgefäß mit großer Öffnung legen. Es sollte ungefähr 2 Liter fassen. Die Ansatzflüssigkeit und den erkalteten, üßen Tee vorsichtig über den Pilz gießen.

4. Das Glas mit einem Stück Stoff oder Küchenpapier bedecken und mit einem Gummiband befestigen. Das Getränk bei Raumtemperatur eine Woche reifen lassen.

5. Vorsichtig kosten. Dazu einen Kunststofflöffel oder eine Kunststoffkelle verwenden. Die Flüssigkeit darf nicht mit Metall in Berührung kommen. Das Kombuchagetränk muss angenehm süß-säuerlich schmecken. Schmeckt es noch zu süß, sollte es noch einen bis drei Tage weiterreifen.

6. Die Flüssigkeit abgießen. 100 ml beiseitestellen, sie werden für den nächsten Ansatz und zur Lagerung des Pilzes verwendet. Den vergorenen Tee gekühlt trinken oder zu Erfrischungsgetränken weiterverarbeiten.

Apfelkräuter

40 Minuten + 5 Tage Reifezeit | 2 Liter (8 x 0,25-Liter- oder 3 x 0,7-Liter-Bügelflaschen)
Pro Glas 95 kcal | 10 % des Biotin-Tagesbedarfs

Zutaten 70 g Kristallzucker | 1 kleine Prise Salz | 1 Bio-Zitrone | 1 Zweig Rosmarin | 2 Stängel Zitronengras | 1 l frisch gepresster, möglichst säuerlicher Apfelsaft | 1 TL Zitronensaft | 1/8 TL Champagnerhefe oder Reinzuchthefe | 2 Anissterne **Zum Servieren** Bio-Apfel | 1 Bio-Zitrone | Eiswürfel

1. Zucker und Salz mit 1 l Wasser aufkochen, bis sich der Zucker aufgelöst hat. Dann die Flüssigkeit abkühlen lassen.
2. Die Zitrone heiß abwaschen und trocken reiben. Mit einem Sparschäler die Schale dünn abschälen. Anschließend die Zitrone auspressen.
3. Den Rosmarin und das Zitronengras abwaschen und trocknen. Die Zitronengrasstängel halbieren und mit der Schnittkante auf ein Brett legen. Mit einem Fleischklopfer oder der Rückseite eines Messers auf das Zitronengras klopfen.
4. Den Apfelsaft mit dem Zuckerwasser mischen. Mit Zitronensaft abschmecken. Die Hefe dazugeben und vorsichtig mit einer Kunststoffkelle verrühren.
5. Anissterne, Zitronengras, Zitronenschale und Rosmarin in ein oder zwei PET-Flaschen geben, die Apfelsaftmischung dazufüllen. Die Flaschen fest verschließen und drei Tage stehen lassen (siehe dazu auch das Grundrezept Seite 52/53).
6. Die Brause durch einen Trichter in Bügelflaschen abfüllen. Die Flaschen verschließen. Zwei Tage im Kühlschrank nachreifen lassen.
7. Zum Servieren die Zitrone und den Apfel heiß abwaschen und trocken reiben. Die Zitrone in Scheiben, den Apfel in schmale Schnitze schneiden und in Gläser geben. Mit Eiswürfeln und der fertigen Limonade servieren.

Info Bei den Rezepten in diesem Kapitel finden Sie keine Angaben zum Zuckergehalt. Bei der Vergärung verschwinden Teile des Zuckers, sodass es vorab kaum möglich ist zu sagen, wie viel am Ende im Glas landet.

Birnen-Rosmarin-Brause

15 Minuten + Reifezeit | ca. 1,5 Liter
Pro Glas 70 kcal

Zutaten 350 ml Birnensaft (Natursaft oder selbst gepresst) | 1 l gereifter Wasserkefirtrank nach Grundrezept (Seite 54) | 30 ml Limettensaft | 2 Zweige Rosmarin

1. Gegebenenfalls die Birnen auspressen, den Saft bereitstellen.
2. Den Wasserkefirtrank in einem großen Gefäß mit dem Birnen- und dem Limettensaft verrühren.
3. Den Wasserkefir-Birnen-Mix in die sauberen Bügelflaschen abfüllen, verschließen und in den Kühlschrank stellen. Nach zwei Tagen jeweils einen gewaschenen Zweig Rosmarin in die Flaschen stecken.
4. Die Mischung mit dem Rosmarin im Kühlschrank noch einen weiteren Tag reifen lassen.
5. Die Rosmarinzweige vor dem Servieren entfernen.

„Ginger Ale"

20 Minuten + Reifezeit | ca. 1,5 Liter
Pro Glas 98 kcal

Zutaten 160 g Kristallzucker | 2 EL Melasse | 1 kleine Prise Salz | 70 ml Zitronensaft | mind. 70 ml Ingwersaft (frisch gepresst oder fertig) | 1/8 TL Champagner- oder Reinzuchthefe **Zum Servieren** Eiswürfel

1. Zucker, Melasse und Salz mit 1,2 l Wasser aufkochen, bis sich der Zucker aufgelöst hat. Abkühlen lassen (siehe auch Anleitung Seite 52).
2. Das Zuckerwasser mit Zitronensaft und Ingwersaft mischen. Das Getränk abschmecken, es darf ein wenig scharf und ein wenig süß sein. Bei Bedarf noch etwas Ingwersaft dazugeben. Die Hefe mit einer Kunststoffkelle in den Mix rühren.
3. Die Flüssigkeit durch einen Kunststofftrichter in zwei PET-Flaschen geben, gut verschließen und bei 20°C Raumtemperatur drei Tage stehen lassen.
4. Das Getränk durch einen Trichter in Bügelflaschen abfüllen und die Flaschen fest verschließen.
5. Das fertige „Ginger Ale" zwei Tage im Kühlschrank nachreifen lassen. Mit Eiswürfeln servieren.

Sommerliche Kirschonade

30 Minuten + Reifezeit | 2 Liter (8 x 0,25-Liter- oder 3 x 0,7-Liter-Bügelflaschen)
Pro Glas 87 kcal

Zutaten 70 g Kristallzucker | 1 kleine Prise Salz | 1 l möglichst säuerlicher Kirschsaft (bei selbst gepresstem Saft erhöht sich die Zuckermenge auf 100 g) | 2 TL Zitronensaft | 1/8 TL Champagner- oder Reinzuchthefe **Zum Servieren** 1 Bio-Zitrone | Eiswürfel

1. Zucker und Salz mit 1 l Wasser aufkochen. Warten, bis sich der Zucker aufgelöst hat. Die Flüssigkeit abkühlen lassen.
2. Gegebenenfalls die Kirschen auspressen, den Saft in einer Kanne auffangen.
3. Kirschsaft mit dem Zuckerwasser mischen. Mit Zitronensaft abschmecken. Die Hefe dazugeben und vorsichtig mit einer Kunststoffkelle verrühren.
4. Das Gemisch durch einen Kunststofftrichter in ein Glasgefäß oder eine PET-Flasche geben. Die Flasche fest verschließen und drei Tage bei Raumtemperatur stehen lassen.
5. Die Limonade durch einen Trichter in Bügelflaschen abfüllen. Die Flaschen verschließen. Die fertige Limonade zwei Tage im Kühlschrank nachreifen lassen.
6. Zum Servieren die Zitrone abwaschen, trocken reiben und in Scheiben schneiden. Die Limonade in einer Glaskanne mit Eiswürfeln und Zitronenscheiben servieren.

Apfel-Vanille-Wasserkefir

15 Minuten + Reifezeit | ca. 2 Liter (3 x 0,7-Liter-Bügelflasche)
Pro Glas 94 kcal | 10 % des Vitamin-K-Tagesbedarfs

Zutaten 1 l gereifter Wasserkefir nach Grundrezept | 1 l säuerlicher Apfelsaft (Natursaft oder selbst gepresst) | 50 ml Zitronensaft | 3 TL Vanillesirup

1. Gegebenenfalls die Äpfel auspressen, den Saft bereitstellen. Den Wasserkefir mit Apfelsaft, Zitronensaft und Vanillesirup in einer Schüssel gründlich verrühren.

2. Den Mix durch einen Kunststofftrichter in saubere Bügelflaschen abfüllen.

3. Die Mischung im Kühlschrank noch etwa zwei Tage nachreifen lassen.

Info Wasserkefir verändert auch im Kühlschrank seinen Geschmack. Ein Teil der Süße geht noch verloren. Zeigt sich, dass die Mischung auch nach der Reifung etwas zu süßlich geraten ist, dann kann man die fertige Limonade mit einem Spritzer Zitronensaft und einem Schuss Medium-Mineralwasser servieren.

„Falscher Sekt" auf Wasserkefir-Basis

15 Minuten + Reifezeit | ca. 1,5 Liter

Pro Glas 78 kcal

Zutaten 1 l gereifter Wasserkefir nach Grundrezept | 350 ml heller Traubensaft (Natursaft oder selbst gepresst) | 40 ml Zitronensaft

1. Gegebenenfalls die Trauben auspressen. Den Wasserkefir in einer Kunststoff- oder in einer Glasschüssel mit Traubensaft und Zitronensaft vermischen. Abschmecken. Die Mischung darf nicht zu süßlich sein.
2. Die Mischung in zwei saubere Bügelflaschen füllen und im Kühlschrank noch zwei bis drei Tage reifen lassen.

Sommer-Wasserkefir

10 Minuten | 6–8 Gläser

Pro Glas 45 kcal

Zutaten 1 l gereifter Wasserkefir nach Grundrezept (der Ansatz sollte drei Tage gezogen haben und ein wenig säuerlich schmecken) | 100 ml Aroniasaft | 20 ml Limettensaft **Zum Servieren** 100 g gefrorene Heidelbeeren | 700 ml Mineralwasser medium (1 Flasche) Eiswürfel

1. Den Wasserkefir in einer großen Kanne mit dem Aroniasaft und dem Limettensaft verrühren.
2. Eiswürfel und gefrorene Heidelbeeren in die Gläser geben. Die Wasserkefir-Aronia-Mischung daraufgießen. Mit einem Schuss Mineralwasser servieren.

Tipp Wer in den Urlaub fährt, kann seinen Wasserkefirkulturen eine Ruhepause gönnen. Dazu füllt man sie in ein Glas, das man abdeckt und in den Kühlschrank stellt. Dort halten sich die Kulturen bis zu drei Wochen.

„Ginger Beer" mit Wasserkefir

20 Minuten + Reifezeit | ca. 1 Liter
Pro Glas 19 kcal

Zutaten 3 EL Melasse | 1 Stück Ingwer (daumengroß) | 40 g Wasserkefirkulturen | 1 ungeschwefelte Trockenpflaume | 30 ml Zitronensaft | 20 ml Ingwersaft (fertig oder frisch gepresst)

1. Die Melasse mit 500 ml Wasser kurz aufkochen und mit einem Schneebesen umrühren, bis sich die Melasse aufgelöst hat. 500 ml kaltes Wasser dazugeben. Die Flüssigkeit vollständig abkühlen lassen. Wer es eilig hat, stellt den Topf dazu in ein Waschbecken mit kaltem Wasser.
2. Das Ingwerstück schälen, einmal längs und einmal quer halbieren.
3. Die Kefirkristalle im Kunststoffsieb vorsichtig unter handwarmem Wasser abspülen. Anschließend in ein Glasgefäß geben. Das Melassewasser darübergießen.
4. Die Pflaume und die Ingwerstücken dazugeben. Das Glas mit einem Stück Stoff oder Küchenkrepp bedecken und mit einem Gummiband befestigen. Mit dem Ingweransatz geht die Kohlensäurebildung besonders schnell. Man kann fast dabei zusehen, wie sich Bläschen bilden.
5. Nach zwei Tagen ist das „Ginger Beer" auf Wasserkefirbasis reif. Die Kristalle werden in einem Kunststoffsieb aufgefangen. Die Kristalle gründlich mit handwarmem Wasser abspülen und für einen neuen Ansatz verwenden. Nach einigen Ansätzen nehmen die Kristalle eine hellbraune Farbe und ein leichtes Ingweraroma an. Die Pflaume entfernen, den Ingwer leicht ausdrücken.
6. Das fertige „Ginger Beer" hat nur ein schwaches Ingweraroma. Mit Zitronensaft und Ingwersaft abschmecken. Zwei weitere Tage im Kühlschrank reifen lassen und eisgekühlt servieren.

Tipp Ingwersaft lässt sich auch mit einer Knoblauchpresse gewinnen. Dafür die Wurzelstücke schälen und in grobe Stücke zerteilen, sodass sie in der Knoblauchpresse Platz haben.

Eine Cola zum Frühstück

Kai Charkiewicz

Kunden können bei Ihnen Limonade mit Extrakten aus Baobab-Früchten kaufen genau wie eine Chili-Fassbrause. Was macht für Sie eine gute Limonade aus?
Ein wichtiges Kriterium für mich ist, dass die Zutaten stimmen und möglichst wenig Farb- und Konservierungsstoffe enthalten sind. Zu süß darf eine Limonade auch nicht sein. Ein absolutes No-Go sind für mich Zuckeraustausch- und Süßstoffe. Meiner Erfahrung nach haben sie immer einen chemischen Beigeschmack.

Sie haben mehr als 100 Limonaden im Angebot. Haben Sie eine Lieblingssorte?
Ich beginne meinen Tag sehr gerne mit einer Premium-Cola. Manchmal trinke ich auch morgens eine Limonade auf Basis von Matetee, in den letzten Jahren kamen einige sehr interessante Mateprodukte auf den Markt. Mate enthält ja ebenfalls Koffein und macht wach. Dafür verzichte ich morgens auf einen Kaffee.

Neben rund 15 Cola-Sorten stehen hier auch viele Mategetränke. Vor 20 Jahren noch war Matetee ein Nischenprodukt. Heute sind Limonaden mit Mateauszügen sehr beliebt. Wie erklären Sie sich den Erfolg dieser Geschmacksrichtung?
Mate schmeckt herb und ein wenig erdig, das ist ein schöner Kontrast zu den Zitrus- und Zuckeraromen, die ja eine Limonade ausmachen. Da es verschiedene Mateteesorten gibt, die je nach Ernte und Zubereitung unterschiedliche Aromen entwickeln, ist das Thema für Limonadenproduzenten sehr interessant.

Welche Limonaden sind bei Ihren Kunden besonders beliebt?
Wir haben, gerade im Sommer, relativ viel Laufkundschaft und eine Menge Touristen als Kunden. Bei ihnen kann man sagen: Mehr als die Hälfte lässt sich beim Kauf von der Gestaltung der Flasche und des Etiketts leiten.

Sehen Sie derzeit Trends auf dem Markt der Erfrischungsgetränke?
Seit diesem Sommer haben wir zwei Getränkesorten mit Gurkensaft im Sortiment. Das ist völlig neu. Ob es demnächst noch mehr davon geben wird, kann ich nicht einschätzen. Ansonsten sehe ich einen starken Trend hin zu hochwertigen Zutaten – und einen Trend zu selbst gemachten Limonaden. Das lässt sich in der umliegenden Gastronomie sehr gut beobachten.

Kai Charkiewicz ist gelernter Groß- und Außenhandelskaufmann. Seit zwei Jahren betreibt er den Laden „Getränkefeinkost“ im Szeneviertel Berlin-Friedrichshain. Die Spezialität sind seltene Bier- und Limonadensorten. Fast alle stammen von kleinen Anbietern aus Deutschland und Österreich.

Liter
Zucker
250
Butter

Schneller Kirsch-Vanille-Wasserkefir

10 Minuten | 2 Liter
Pro Glas 55 kcal

Zutaten 2 Bio-Zitronen | 1 l gereifter Wasserkefir nach Grundrezept (der Ansatz sollte ein wenig säuerlich sein) | 300 ml Kirschsaft | 1 EL Vanillesirup | 700 ml Mineralwasser medium (1 Flasche) | Eiswürfel

1. Die Zitronen heiß abwaschen trocken reiben. Mit einem Zestenreißer oder einem scharfen Messer die Schale von einer Zitrone dünn abschälen. Diese Zitrone auspressen, die andere in halbe Scheiben schneiden.
2. Den Wasserkefir in einer großen Glaskanne mit Kirschsaft, Zitronensaft und Vanillesirup mischen.
3. Die Mischung in eine Glaskanne mit den Zitronen füllen. In die Gläser Eiswürfel geben, mit einem Schuss Mineralwasser servieren.

Tipp Die Wasserkefirkristalle vermehren sich rasant. Oft haben sie schon nach zwei Wochen ihre Menge verdoppelt. Die Kohlensäurebildung beschleunigt sich enorm. Deshalb sollte man die Kristalle regelmäßig abwiegen oder abmessen und überschüssige Kristalle verschenken oder kompostieren.

Limetten-Kombucha

20 Minuten + Reifezeit | 2 Liter
Pro Glas 55 kcal

Zutaten für den Ansatz 1 Kombuchapilz | 100 ml Kombucha-Ansatzflüssigkeit | 2 EL oder 5 Beutel Grüntee (z. B. Sorte Gunpowder) | 90 g Rohrzucker **Weitere Zutaten** 4 Bio-Limetten | 2 EL Honig | 1 l Mineralwasser medium | Eiswürfel

1. Den Kombuchatrank nach dem Grundrezept (Seite 56) zubereiten. Der einzige Unterschied: Anstelle von Schwarztee wird Grüntee verwendet. Den losen Tee oder die Beutel mit 80°C warmem Wasser überbrühen. Etwa 2 Minuten ziehen lassen, die Beutel oder das Tee-Ei entfernen und zuckern.

2. Den Kombucha nach einer Woche vorsichtig verkosten. Wenn er noch zu süß schmeckt, sollte er noch ein bis drei Tage weiterreifen. Den fertigen Trank abgießen, er darf dabei nicht mit Metall in Berührung kommen. 100 ml als neue Ansatzflüssigkeit für weitere Kombuchagetränke beiseitestellen.

3. Zwei Limetten auspressen, ihren Saft beiseitestellen. Die beiden anderen Limetten heiß abwaschen und trocken reiben.

4. Den Limettensaft mit dem Honig verrühren. Eventuell einen Löffel heißes Wasser dazugeben. Die Mischung in eine Glaskanne gießen. Mit dem fertigen Grüntee-Kombucha mischen.

5. In große Gläser Eiswürfel geben, jeweils etwa 100 ml des Kombucha-Mix darübergießen und mit Mineralwasser auffüllen.

Info Wenn sich der Pilz teilt, können Sie eine Hälfte weiterverwenden und die andere verschenken. Überflüssige Pilze können kompostiert werden.

Kombucha-Orangen-Cooler

15 Minuten | 2 Liter
Pro Glas 60 kcal | 25 % des Vitamin-C-Tagesbedarfs

Zutaten 500 ml Orangensaft (frisch gepresst oder ungesüßt) | 900 ml fertiger Kombuchatrank | 30 ml Limettensaft | 700 ml leicht sprudelndes Mineralwasser **Zum Servieren** 2 Bio-Zitronen | Eiswürfel

1. Gegebenenfalls Orangen auspressen oder ungesüßten gekauften Saft bereitstellen.
2. Den Kombuchatrank in einer großen Glaskanne mit Orangen- und Limettensaft mischen.
3. Die Zitronen heiß abwaschen und trocken reiben, anschließend in Spalten schneiden.
4. Eiswürfel und Zitronenspalten in die Kanne geben. Das Getränk mit einem Schuss Mineralwasser servieren.

Info Kombucha wird seit Jahrtausenden in Asien zubereitet und ist Teil der Volksmedizin. Der Trank soll die Darmfunktion verbessern, das Immunsystem aktivieren und den Stoffwechsel anregen. Wissenschaftlich nachgewiesen sind diese Wirkungen nicht. Ähnlich wie Sauermilchprodukte können sich die Mikroorganismen allerdings positiv auf die Darmflora auswirken.

Erfrischender Apfel-Kombucha mit Minze

10 Minuten | 2 Liter
Pro Glas 57 kcal

Zutaten 1 Beutel Pfefferminztee | 1 Bio-Zitrone | 4 Minzezweige | 900 ml selbst angesetzter Kombuchatrank | 400 ml Apfelsaft (frisch gepresst oder ungesüßt) | 20 ml Zitronensaft **Zum Servieren** Eiswürfel | 700 ml Mineralwasser medium (1 Flasche)

1. Den Pfefferminztee mit nur 100 ml Wasser aufbrühen und abkühlen lassen. Die Zitrone heiß abwaschen und abreiben, einmal halbieren und in Scheiben schneiden. Die Minzezweige abwaschen.
2. Den Kombuchatrank mit Apfel- und Zitronensaft und dem Pfefferminztee mischen.
3. Die Mischung in eine Glaskanne mit den Zitronen und den Minzezweigen füllen. In die Gläser Eiswürfel geben, mit einem Schuss Mineralwasser servieren.

Info Fertiger, selbst angesetzter Kombuchatrank hält sich gut verschlossen einige Tage im Kühlschrank. Unsere Erfrischungsgetränke auf Kombuchabasis sollten noch am selben Tag getrunken werden. Wer keine Gäste hat, kann sie in geringeren Mengen zubereiten.

Roter Kombucha mit Cranberrysaft

10 Minuten + Reifezeit | 2 Liter
Pro Glas 57 kcal

Zutaten für den Ansatz 1 Kombuchapilz | 100 ml Kombucha-Ansatzflüssigkeit | 2 EL oder 5 Beutel Hibiskustee | 90 g Rohrzucker **Weitere Zutaten** 30 ml Limettensaft | 400 ml Cranberrysaft **Zum Servieren** Eiswürfel | 1 l Mineralwasser medium

1. Den Kombuchatrank nach dem Grundrezept (Seite 56) mit dem Früchtetee zubereiten. Den losen Tee oder die Beutel mit 900 ml kochend heißem Wasser überbrühen. 5 Minuten ziehen lassen, dann die Beutel entfernen oder den Tee durch ein Sieb gießen und zuckern.
2. Den Kombucha nach einer Woche verkosten. Ist er noch zu süß, sollte er bis zu drei Tage weiterreifen. Nach Anleitung den fertigen Trank abgießen, 100 ml als neue Ansatzflüssigkeit bereithalten.
3. Limettensaft und Cranberrysaft mit dem fertigen Kombuchatrank verrühren.
4. Eiswürfel in die Gläser geben. Die Kombucha-Früchtetee-Mischung darübergießen und mit Mineralwasser auffüllen.

Koki-Kombucha

10 Minuten | 2 Liter
Pro Glas 47 kcal

Zutaten 1 Bio-Zitrone | 900 ml selbst angesetzter Kombuchatrank | 200 ml Kirschsaft | 200 ml Kokoswasser **Zum Servieren** 700 ml Mineralwasser medium (1 Flasche) | Eiswürfel

1. Die Zitrone heiß abwaschen, trocken reiben und in halbe Scheiben schneiden.
2. Den Kombuchatrank in eine große Glaskanne über die Zitronen gießen, mit Kirschsaft und Kokoswasser vorsichtig verrühren.
3. Die Mischung in die Gläser mit Eiswürfeln geben, mit einem Schuss Mineralwasser servieren.

Tipp Kokoswasser wird in Bioläden und Asia-Supermärkten verkauft. Manchmal ist es sogar frisch in grünen Kokosnüssen erhältlich. Es hat viel weniger Kalorien als Kokosmilch.

Fruchtaromen treffen auf Kräuter, Zitrusnoten auf Malz – Fassbrausen liefern ein rundes und komplexes Geschmackserlebnis. Für Berliner und Brandenburger ist die Limonadenspezialität ein Stück Heimat, in anderen Teilen Deutschlands wird sie gerade erst entdeckt. Früher galt für die Fassbrause eine feste Regel: Sie soll aussehen wie Bier. Heute wird sie in allen Farben mit den unterschiedlichsten Geschmacksrichtungen getrunken. Kein Wunder, dass die Berliner Brause gerade ein erstaunliches Comeback erlebt.

3 Fassbrausen

Apfel-Fassbrause

40 MINUTEN + KÜHLZEIT | 1,5 LITER
Pro Glas 19 g Zucker | 90 kcal | 15 % des Vitamin-C-Tagesbedarfs

Zutaten 1 l Apfelsaft (Natursaft oder selbst gepresst) | 1 Bio-Zitrone | 1 Stück Süßholzwurzel (ca. 12 cm) | 70 ml Zitronensaft | ½ TL Rosmarin, fein gehackt (frisch oder getrocknet) 1 Prise Salz | 2 EL Malzextrakt **Zum Servieren** 1 l stark sprudelndes Mineralwasser

1. Die Zitrone heiß abwaschen und abreiben. Die Schale mit einem Zestenreißer schälen. Gegebenenfalls die Äpfel auspressen, den Saft bereitstellen. Die Süßholzwurzel mehrfach knicken und brechen.
2. Den Apfelsaft mit Süßholzwurzel, Zitronensaft, Rosmarin und Salz sowie der Zitronenschale aufkochen lassen. Anschließend etwa eine halbe Stunde im offenen Topf köcheln lassen, bis sich die Flüssigkeit auf die Hälfte reduziert hat.
3. Die Flüssigkeit durch ein Sieb gießen und dabei Rosmarin, Süßholz und Zitronenschale entfernen. Malzextrakt einrühren. Abschmecken. Die Fassbrausenbasis sollte eine säuerliche Note haben, aber dennoch süß schmecken. Eventuell noch Zitronensaft dazugeben. Abkühlen lassen.
4. Die Fassbrausenbasis mit dem Mineralwasser aufgießen.

Info Traditionell wird Fassbrause in Berlin aus schlichten hohen Gläsern getrunken, die den typischen Kölsch-Gläsern ähneln. Die Fassbrause wird gut gekühlt ohne Eiswürfel serviert. Wer es frisch und fruchtig mag, kann die Brause auch mit Apfelspalten und Eiswürfeln genießen.

Info Malz entsteht, wenn Getreide zunächst keimt und anschließend getrocknet wird. Malzextrakt ist ein bräunlicher Sirup mit einem leicht herben Geschmack, der Fassbrause ihr typisches Aroma verleiht. Malzextrakt wird in Bioläden und gut sortierten Supermärkten verkauft. Man findet es in den Regalen mit Backzubehör.

Fassbrause Zitrone

40 Minuten + Kühlzeit | 1,5 Liter
Pro Glas 10 g Zucker | 45 kcal | 10 % des Vitamin-C-Tagesbedarfs

Zutaten 1 Bio-Zitrone | 70 ml Zitronensaft | 20 ml Ingwersaft | 1 Stück Süßholzwurzel (ca. 10 cm) | 1 TL Verbenentee | 30 g dunkler Rohrzucker | 1 Prise Salz | 4 EL Malzextrakt **Zum Servieren** 2 Bio-Zitronen | 1 l stark sprudelndes, gekühltes Mineralwasser

1. Die Zitrone heiß abspülen und trocken reiben. Die Schale mit einem Sparschäler dünn abschälen. Die Zitrone auspressen.
2. Den frisch gepressten Saft mit dem fertigen Zitronensaft, dem Ingwersaft und 400 ml Wasser in einem Topf mischen.
3. Die Süßholzwurzel mehrfach brechen und knicken. Die Zitronenschalen, die Süßholzwurzel und den Verbenentee in den Saftmix geben. Den Zucker und das Salz hinzufügen.
4. Den Topf auf den Herd stellen, die Flüssigkeit aufkochen lassen und anschließend mit geschlossenem Deckel etwa 10 Minuten ziehen lassen.
5. Die Flüssigkeit durch ein feines Sieb gießen, die Verbenenblätter, die Zitronenschale und die Süßholzwurzel entfernen. Das Malzextrakt in die heiße Flüssigkeit einrühren. Die Fassbrausenbasis abkühlen lassen.
6. Vor dem Servieren die Zitronen heiß abwaschen, trocken reiben und in Achtel schneiden. Die Fassbrausenbasis mit kühlem Mineralwasser aufgießen. Vorsichtig mit einem großen Löffel umrühren. Dann in Gläser füllen.

Kirsch-Fassbrause

60 Minuten + Kühlzeit | 1,5 Liter
Pro Glas 22 g Zucker | 105 kcal | 20 % des Folat-Tagesbedarfs

Zutaten 1 l frisch gepresster Sauerkirschsaft (aus ca. 2 kg entsteinten Kirschen) | 1 Stück Süßholzwurzel (ca. 12 cm) | 40 ml Zitronensaft | 3 Anissterne | 1 Prise Salz | 5 EL Malzextrakt **Zum Servieren** 1 l stark sprudelndes, gut gekühltes Mineralwasser

1. Die Kirschen auspressen, den Saft bereitstellen. Die Süßholzwurzel mehrfach knicken und brechen.
2. Den frischen Kirschsaft, die Süßholzwurzel, den Zitronensaft und die Anissterne mit Salz aufkochen lassen und anschließend etwa eine halbe Stunde bei mittlerer Hitze im offenen Topf köcheln lassen. Die Flüssigkeit muss auf etwa die Hälfte reduziert werden.
3. Den Saft durch ein Sieb gießen, um die Anissterne und die Süßholzwurzelstücke aufzufangen. Das Malzextrakt einrühren. Abschmecken und abkühlen lassen.
4. Die abgekühlte Fassbrausenbasis mit dem Mineralwasser aufgießen. Die Kirsch-Fassbrause in großen Gläsern servieren.

Tipp Kirsch-Direktsaft ist selten im Handel erhältlich. Wer keine Gelegenheit hat, Saft selbst zu pressen, kann auch fertige Säfte verwenden. Wenn sie Zucker enthalten, verringert sich die Menge an süßem Malzextrakt etwa um die Hälfte. Deshalb muss vorsichtig abgeschmeckt werden.

2 CUPS
1½ CUPS

Kakao
Salz
Reis

Falsche Fassbrause

10 Minuten + Ziehzeit | 1 Liter
Pro Glas 17 g Zucker | 88 kcal | 12 % des Biotin-Tagesbedarfs

Zutaten 1 Bio-Zitrone | 2 Zweige Zitronenmelisse | 600 ml Apfelsaft **Zum Servieren** 330 ml gut gekühltes alkoholfreies Bier (1 Flasche)

1. Die Zitrone heiß abspülen und trocken reiben. Die Schale mit einem Sparschäler dünn abschälen, dann die Zitrone auspressen. Die Zitronenmelisse gut waschen.
2. Apfelsaft mit Zitronensaft mischen, die Zitronenschale und die Zitronenmelisse dazugeben. Im Kühlschrank mindestens 2 Stunden ziehen lassen. Die Zitronenschale und die Kräuterzweige entfernen.
3. Zunächst das alkoholfreie Bier in eine Kanne gießen, dann langsam mit dem Apfelsaft auffüllen. Vorsichtig mit einem großen Löffel umrühren.
4. Den Mix in große Gläser gießen und sofort servieren.

Info Einige der Fassbrausen, die heute verkauft werden, wurden auf der Basis von alkoholfreiem Bier zubereitet. Wer es selbst probieren möchte: Geeignet sind milde Pilssorten, die nicht allzu herb schmecken und bei denen das Hopfenaroma nur schwach ausgeprägt ist.

Fassbrause Quitte

40 Minuten + Kühlzeit | 1,5 Liter
Pro Glas 15 g Zucker | 77 kcal | 15 % des Vitamin-C-Tagesbedarfs

Zutaten 1 l Quittensaft (Natursaft oder selbst gepresst) | 1 Stück Süßholzwurzel (ca. 12 cm) | 70 ml Limettensaft | 1 Prise Salz | 2 EL Malzextrakt **Zum Servieren** 1 l stark sprudelndes Mineralwasser

1. Gegebenenfalls die Quitten entsaften. Die Süßholzwurzel mehrfach knicken und brechen.
2. Quittensaft, Süßholzwurzel, Limettensaft und Salz in einem Topf verrühren und aufkochen lassen. Die Flüssigkeit etwa eine halbe Stunde bei mittlerer Hitze im offenen Topf köcheln lassen, bis sie etwa auf die Hälfte reduziert wurde.
3. Die Süßholzwurzel aus dem Saft fischen. Das Malzextrakt mit einem Schneebesen einrühren. Abschmecken und abkühlen lassen.
4. Die Fassbrausenbasis mit dem Mineralwasser aufgießen.

Info Eine gute Alternative zu Süßholzwurzeln ist Lakritzpulver, das allerdings in Deutschland nur in wenigen Fachgeschäften verkauft wird. Da das Pulver einen starken Eigengeschmack hat, sollte man es sparsam dosieren. Ein ½ TL reicht für 1,5 l.

Für heiße Sommertage sind Eistees genau das Richtige. Bei ihnen verbinden sich leicht bittere Teearomen mit Zitrusfrische – ein wenig Zucker rundet den Geschmack ab. Wird selbst gemachter Eistee in einer Glaskanne mit Eiswürfeln und Kräutern serviert, dann gibt er schon optisch ein Signal: Hier wartet eine natürliche und leichte Erfrischung. Durch das vielfältige Angebot an Teesorten und Teemischungen sind der Aromenvielfalt keine Grenzen gesetzt. Das Großartige an Eistees: Ihre Zubereitung ist ganz einfach.

Eistees

4

Klassischer Eistee

20 Minuten | 1,5 Liter
Pro Glas 8 g Zucker | 36 kcal

Zutaten 3 Bio-Zitronen | 2–3 EL oder 5 Beutel Schwarztee (z. B. Ceylon- oder Ostfriesentee) 3–4 EL weißer Zucker oder Rohrzucker | 2 Handvoll Eiswürfel **Zum Servieren** Eiswürfel | 5 Minzezweige

1. Die Zitronen heiß abspülen und trocken reiben. Von einer Zitrone mit einem Sparschäler die Schale in Spiralen ablösen. Anschließend die Zitrone halbieren und auspressen. Die anderen Zitronen in Scheiben schneiden.

2. Den Tee mit 1 l kochendem Wasser in einer Teekanne zubereiten. Losen Tee am besten in ein Teesieb oder ein Tee-Ei füllen. Etwa 2 Minuten ziehen lassen.

3. Die Teeblätter abgießen oder die Teebeutel entfernen. Den Zucker einrühren und abschmecken. Der Sud muss deutlich süßer und bitterer schmecken als der gewünschte Eistee. Durch die Eiswürfel wird er später stark verdünnt.

4. Die Eiswürfel in einer Schüssel mit dem süßen Tee übergießen. Etwa 4 EL frisch gepressten Zitronensaft dazugeben. Es dampft und knackt. Die Eiswürfel schmelzen in Sekunden und die dunkle Teebasis nimmt einen Goldton an. Durch die Schockkühlung bleiben das Aroma und die leuchtende Farbe des Tees erhalten. Der Zitronensaft verhindert außerdem, dass sich eine Haut auf dem Tee bildet.

5. In eine große Glaskanne zunächst die Eiswürfel und die Zitronenscheiben legen. Die Minzezweige an die Seite zwischen die Eiswürfel stecken, die Zitronenschalenspiralen auf die Eiswürfel legen. Den fertigen Eistee darübergießen.

Info Bei schwarzem, grünem und weißem Tee sowie den Sorten Pu-Erh, Oolong und Earl Grey empfiehlt sich, sie mit Eiswürfeln schnell abzukühlen. So lässt sich die Bildung von unangenehmen Bitterstoffen vermeiden. Schmeckt der Eistee dennoch zu bitter, beim nächsten Mal weniger Tee verwenden. Soll der Tee intensiver schmecken, lieber mehr Teeblätter benutzen, als den Tee länger ziehen zu lassen – er nimmt sonst einen unangenehm bitteren und herben Geschmack an.

Pfirsich-Melisse-Eistee

25 Minuten | 1,5 Liter
Pro Glas 13 g Zucker | 62 kcal

Zutaten 1 Pfirsich | 8 Melissezweige | 1x klassischer Eistee (Seite 98) | 300 ml Pfirsichsaft (frisch gepresst oder ungesüßter Saft) | evtl. Zitronensaft | Eiswürfel

1. Den Pfirsich schälen und in schmale Spalten schneiden. Die Melisseblätter von den Zweigen zupfen.
2. Gegebenenfalls 600 g Pfirsiche in einem Entsafter auspressen oder ungesüßten Saft bereitstellen.
3. Den Eistee nach Grundrezept mit dem Pfirsichsaft mischen. Eventuell mit Zitronensaft abschmecken.
4. Die Eiswürfel zusammen mit den Pfirsichspalten und den Melisseblättern in eine Glaskanne legen. Den Eistee-Pfirsichsaft-Mix darübergießen.

Info Alle Eisteevariationen, die auf Basis von schwarzem und grünem Tee zubereitet werden, wirken aufgrund ihres Koffeingehalts belebend. Außerdem schmecken sie besonders erfrischend. Das liegt daran, dass Bitterstoffe von schwarzem oder grünem Tee dem Getränk eine leicht herbe Note verleihen. So kommen die Zitrusaromen noch besser zur Geltung. Für Kinder, Schwangere und Menschen, die kein Koffein zu sich nehmen sollen, sind Eistees auf dieser Basis nicht empfehlenswert.

Ananas-Verbenen-Eistee

20 Minuten | 1,5 Liter
Pro Glas 7 g Zucker | 35 kcal

Zutaten 1 EL Verbenentee (Eisenkrauttee) | 2 gehäufte EL kräftigen Grüntee (z. B. Gunpowder) | 3 EL Honig | 2 Handvoll Eiswürfel | 250 ml Ananassaft | 50 ml Zitronensaft **Zum Servieren** Eiswürfel | 6 frische Verbenenzweige

1. Die Verbenenblätter mit den losen Grünteeblättern vermischen. Die Teemischung mit 1 l sehr heißem, aber nicht kochendem Wasser aufbrühen. Optimal für grünen Tee ist eine Temperatur von etwa 80 °C. 2 Minuten ziehen lassen. Anschließend durch ein Teesieb gießen. Den Honig unterrühren.
2. Den heißen Tee über die Eiswürfel in eine Schüssel gießen und schockkühlen lassen. Dann den Ananassaft und den Zitronensaft dazugeben.
3. Zum Servieren die Eiswürfel in eine große Kanne geben, die Verbenenzweige dazwischenstecken. Mit der Eisteemischung aufgießen.

Eistee „Earl Orange"

20 Minuten | 1,5 Liter
Pro Glas 8 g Zucker | 38 kcal | 20 % des Vit-C-Tb.

Zutaten 3 Bio-Orangen | 3 EL oder 5 Beutel Earl-Grey-Tee | 3 EL Honig | 50 ml Zitronensaft | 2 Handvoll Eiswürfel **Zum Servieren** Crushed Ice

1. Eine Orange heiß abspülen und kräftig trocken reiben. Mit einem Sparschäler die Schale dünn abschälen. Alle drei Orangen auspressen, den Saft beiseitestellen.
2. Die Orangenschale mit dem Earl-Grey-Tee vermischen bzw. zusammen mit den Beuteln in eine Teekanne geben. Die Mischung mit 1 l kochendem Wasser aufgießen. Etwa 2 Minuten ziehen lassen. Anschließend durch ein Teesieb gießen bzw. die Teebeutel und die Orangenschale entfernen. Den Honig unterrühren.
3. Den heißen Tee zusammen mit zwei Handvoll Eiswürfel in eine Schüssel gießen. Den abgekühlten Tee mit Zitronen- und Orangensaft vermischen.
4. Das Crushed Ice in hohe Gläser geben. Den fertigen Eistee darübergießen. Mit Strohhalmen servieren.

Orientalischer Eistee

20 Minuten | 1,5 Liter
Pro Glas 6 g Zucker | 33 kcal

Zutaten 3 Bio-Zitronen | 1 TL Kardamomsamen | 1 Zimtstange | 8 Pfefferkörner | 8 Gewürznelken | 2–3 EL Schwarztee (z. B. Bio-Ceylon- oder Ostfriesentee) | 2 EL Zucker | 2 EL Vanillesirup | 2 Handvoll Eiswürfel **Zum Servieren** Eiswürfel

1. Die Zitronen heiß abspülen und trocken reiben. Eine Zitrone auspressen, die anderen Zitronen werden in Scheiben geschnitten.
2. Kardamomsamen, Zimtstange und die Pfefferkörner leicht im Mörser andrücken, mit den Gewürznelken und dem Schwarztee vermischen.
3. Die Teemischung mit 1 l kochendem Wasser aufbrühen und 2 Minuten ziehen lassen. Anschließend durch ein Teesieb gießen.
4. Den Zucker und den Vanillesirup unterrühren. Den Tee in eine Schüssel auf zwei Handvoll Eiswürfel gießen. Mit dem frisch gepressten Zitronensaft abschmecken.
5. In eine große Glaskanne die Eiswürfel und die Zitronenscheiben legen. Den Eistee dazugießen.

Info Empfehlenswert für die Zubereitung von Eistees sind kräftige Biotees, zum Beispiel Schwarztee aus Ceylon- oder Grüntee der Sorte Gunpowder. Eine Untersuchung der Stiftung Warentest zeigt, dass Biotees eine meist sehr niedrige Konzentration an Schadstoffen aufweisen. Extrem geringe Rückstände von Pflanzenschutzmitteln ließen sich bei allen untersuchten Tees nachweisen. Bedenklich für die Gesundheit sind sie nicht.

Der junge Mann und der Tee

Arnd Heißen

In Ihrer Bar stehen außer Hunderten von Spirituosen auch Dutzende von Tees. Wissen Sie, wie viele es sind?
Es sind exakt 68.

Tees spielen eine wichtige Rolle bei Ihrer Arbeit. Warum?
Tees wirken erfrischend, sie verleihen einem Drink aber auch Eleganz und Grazilität. Auf unserer Karte haben wir deshalb keinen einzigen alkoholfreien Cocktail, bei dem nicht eine der Zutaten ein Tee oder ein Sirup auf Teebasis ist. Mixt man für einen alkoholfreien Cocktail lediglich Fruchtsäfte, dann geht das geschmacklich oft in die Richtung Multivitaminsaft.

Haben Sie Lieblingsteesorten?
Ich arbeite gerne mit Jasmintees und dem japanischen Grüntee Gyokuru. Bei den Schwarztees bevorzuge ich einen hochwertigen Ceylon. Sein kräftiger Geschmack ist ideal für Cocktails, die zarten Aromen eines Darjeelings lassen sich nur schwer in einem Drink einfangen.

Welche Teesorte bevorzugen Sie für die Zubereitung von Eistees?
Für unsere Eistees kochen wir zunächst einen Sirup. Dazu geben wir 20 TL Earl Grey in 1 l Wasser und kochen das Ganze rund 6 Minuten lang. Das Ergebnis ist ein sehr bitterer, fast ungenießbarer Tee. Anschließend seihen wir die Teeblätter ab und rühren die doppelte Menge Zucker in den Tee. Da ungefähr 700 ml an Flüssigkeit übrigbleiben, brauchen wir etwa 1,4 kg Zucker.

Das klingt nach einer kalorienreichen Angelegenheit …
Nicht unbedingt, denn die 2 l Sirup, die wir so erhalten, reichen in unserer Bar für etwa 100 Portionen. Für einen Eistee geben wir 20 ml Sirup in ein hohes Glas und rühren 30 ml frisch gepressten Zitronensaft dazu. Die Mischung wird mit Mineralwasser oder Soda aufgegossen.

Verraten Sie uns noch ein Teerezept für besondere Anlässe?
Unser beliebtester alkoholfreier Cocktail ist der „Kimono“. Dazu gibt man etwa 30 ml Zitronensaft, 20 ml reinen Zuckersirup, 60 ml kalten Jasmintee und acht frische Himbeeren in einen Shaker. Kräftig schütteln und die Mischung auf Eiswürfel in ein Longdrink-Glas geben. Dieser Mix wird zum Schluss mit Zitronenlimonade aufgefüllt.

Arnd Heißen ist einer der bekanntesten Bartender Berlins. Er managt die Bars „The Curtain Club“ und „Fragrances“. Bei vielen seiner Cocktails setzt er unterschiedliche Teesorten ein.

Grüner Eistee mit Limette und Vanille

20 MINUTEN | 1,5 LITER
Pro Glas 5 kcal | 28 g Zucker

Zutaten 4 Bio-Limetten | 2–3 EL Grüntee (z. B. Bio-Sencha oder Bio-Gunpowder, alternativ 5 Beutel Grüntee) | 1 EL Vollrohrzucker | 2 EL Vanillesirup | 2 Handvoll Eiswürfel **Zum Servieren** Eiswürfel

1. Die Limetten heiß abspülen und trocken reiben. Zwei Limetten halbieren und den Saft auspressen. Die anderen Limetten in Achtel schneiden.
2. Den Tee mit 1 l Wasser aufbrühen. Das Wasser sollte möglichst nicht kochen. Optimal für grünen Tee ist eine Temperatur von etwa 80 °C. Sie ist meist erreicht, wenn man das Wasser nach dem Aufkochen 5 Minuten stehen lässt. 2 Minuten ziehen lassen, anschließend Teesieb oder die Teebeutel entfernen.
3. Zügig den Vollrohrzucker und den Vanillesirup unterrühren. Abschmecken. Den Tee in eine Schüssel auf die Eiswürfel gießen. Mit dem frisch gepressten Limettensaft abschmecken.
4. Der fertige Grüntee wird mit Eiswürfeln und den Limettenachteln in einer großen Glaskanne serviert.

Info Die Basis für einen Eistee braucht nicht lange zu ziehen. Zieht er zu lange, wird er eventuell bitter. 2 Minuten reichen bei Grün- und Schwarztees, Roibusch- oder Hagebuttentee kann länger in dem heißen Wasser bleiben.

Granatapfel-Eistee

20 Minuten | 1,5 Liter
Pro Glas 13 g Zucker | 57 kcal

Zutaten 2 Bio-Limetten | 200 ml Granatapfelsaft (frisch gepresst oder ungesüßt) | 4 EL oder 5 Beutel weißer Tee (z. B. Pai Mu Tan) | 3 EL Rohrzucker | 2 Handvoll Eiswürfel **Zum Servieren** Eiswürfel

1. Eine Limette heiß abspülen, trocken reiben und in schmale Spalten schneiden. Die andere Limette auspressen.
2. Gegebenenfalls die Granatäpfel schälen, die Kerne in einem elektrischen Entsafter oder in einer Handpresse auspressen.
3. Den Tee mit 1 l kochendem Wasser aufbrühen. 2 Minuten ziehen lassen, anschließend durch ein Teesieb gießen oder die Teebeutel entfernen.
4. Den Rohrzucker zügig unter den Tee rühren und abschmecken. Den Tee in eine Schüssel auf zwei Handvoll Eiswürfel gießen. Den Limettensaft und den Granatapfelsaft unterrühren.
5. In eine große Glaskanne zunächst die Eiswürfel und die Limettenspalten legen. Dann den fertigen Eistee darübergießen.

Tipp Anstatt des Rohrzuckers kann man auch Vanillesirup verwenden.

Matcha on Ice

20 Minuten | 2 Gläser
Pro Glas 3 g Zucker | 20 kcal

Zutaten 2 g Matchateepulver | 2 TL Agavendicksaft | 15 ml Zitronensaft **Zum Servieren** Crushed Ice

1. Den Matchatee in eine Schüssel geben. 350 ml kaltes, evtl. abgekochtes Wasser dazugeben und das Pulver kräftig aufschlagen. (Normalerweise wird Matchatee mit 70 °C warmem Wasser zubereitet. Einige Matcha-Fans verwenden grundsätzlich nur gefiltertes Wasser. Wer möchte, kann unseren Eistee auch mit kühlem Leitungswasser anrühren.) So lange rühren, bis sich das Pulver verteilt und sich ein leichter Schaum auf der Oberfläche bildet.

2. Jetzt den Agavendicksaft und den Zitronensaft dazugeben und weiterschlagen, bis sich alles miteinander verbunden hat. Muss der Tee noch abkühlen, dann sollte man ihn mehrfach aufschlagen, bevor er serviert wird. Das Matchapulver setzt sich sehr schnell ab.

3. Den fertigen Matchaeistee in hohe Gläser mit Crushed Ice gießen.

Tipp In Japan, der Heimat des Matcha, schlägt man den Tee traditionell mit einem Bambusbesen auf. Auch ein Schneebesen oder ein Milchaufschäumer sind sehr gut geeignet. Wird der Matcha mit warmem Wasser gebrüht, dann muss er langsam abkühlen und vor dem Servieren dringend noch einmal aufgeschlagen werden.

Info Die Rezepte in diesem Kapitel ergeben gut 1,5 Liter Eistee. Bei Bedarf können die Rezeptmengen auch halbiert oder verdoppelt werden. Lediglich das Rezept mit dem sehr teuren Matchatee wurde für zwei Gläser konzipiert. Da sich das Matchapulver sehr schnell absetzt, macht es wenig Sinn, eine ganze Kanne vorzubereiten.

Heidelbeer-Aronia-Eistee

20 Minuten + Kühlzeit | 1,5 Liter
Pro Glas 3 g Zucker | 23 kcal | 15 % des Vitamin-C-Tagesbedarfs

Zutaten ca. 60–80 Heidelbeeren oder 30 Himbeeren | 4 EL oder 5 Beutel Früchteteemischung | 3 EL Honig | 50 ml Zitronensaft | evtl. 2 Handvoll Eiswürfel | 200 ml fertiger Aroniasaft **Zum Servieren** Eiswürfel mit gefrorenen Früchten (siehe Abschnitt 1)

1. Am Vortag oder einige Stunden vorher die Heidelbeeren oder die Himbeeren gründlich waschen und gleichmäßig in einem Eiswürfelbehälter mit 30 Fächern verteilen. Mit Wasser auffüllen und in den Tiefkühler stellen.

2. Den Tee mit 1,5 l kochendem Wasser aufbrühen. Wichtig: Wer den Früchtetee schockkühlen möchte, gießt ihn mit nur 1 l Wasser auf. 4 Minuten ziehen lassen, anschließend durch ein Teesieb gießen oder die Teebeutel entfernen.

3. Den Honig und den Zitronensaft unterrühren und abschmecken. Den Tee entweder mit den Eiswürfeln schockkühlen oder kühlstellen. Den Aroniasaft in den kühlen Eistee rühren.

4. Jeweils drei Eiswürfel mit gefrorenen Früchten in ein hohes Glas geben. Den fertigen Aronia-Früchtetee-Mix darübergießen.

Tipp Dieser gesunde, reizarme Eistee ist auch für Kindergeburtstage gut geeignet.

Info Eine Eisteebasis mit Hagebutten-, Pfefferminz- oder Roibuschtee kann auch langsam abkühlen, anders als Eistee auf Schwarz- oder Grünteebasis. Hier verhindert der Zitronensaft, dass der Tee trübe wird.

Ingwer-Cooler

25 Minuten | 1,5 Liter
Pro Glas 7 g Zucker | 33 kcal

Zutaten 1 Stück Ingwer (ca. 2 Daumen groß) | 4 EL Honig | 70 ml Limettensaft | evtl. 2 Handvoll Eiswürfel **Zum Servieren** Crushed Ice | Limettenviertel | Melissezweige

1. Den Ingwer gut abwaschen und trocknen, in dünne Scheiben hobeln. Gebraucht wird eine kleine Tasse voll mit dünnen Ingwerscheiben. 1 l Wasser auf dem Herd aufsetzen. Zusammen mit dem gehobelten Ingwer etwa 10 Minuten bei mittlerer Hitze köcheln lassen. Die Flüssigkeit durch ein Sieb gießen, dabei die Ingwerscheiben auffangen. Den klaren Ingwertee mit Honig und Limettensaft abschmecken.
2. Mit Eiswürfeln schockkühlen oder 500 ml Wasser dazugeben und langsam abkühlen lassen.
3. In hohen Gläsern mit Crushed Ice servieren, mit Limettenvierteln und Minzezweigen garnieren.

Tipp Statt Ingwer kann auch der etwas mildere Galgant (Thai-Ingwer), der eine leicht pfeffrige und süßliche Note hat, verwendet werden.

Birnen-Honeybush-Eistee

15 Minuten + Kühlzeit | 1,5 Liter
Pro Glas 9 g Zucker | 43 kcal

Zutaten 3 EL Honeybushtee | 4 EL Honig | 30 ml Zitronensaft | 250 ml Birnensaft **Zum Servieren** Eiswürfel | evtl. Bio-Zitronenscheiben

1. Den Honeybushtee mit 700 ml kochendem Wasser aufbrühen. 5 bis 7 Minuten ziehen lassen. Anschließend durch ein Teesieb gießen.
2. Den Honig in den heißen Tee rühren, anschließend Zitronensaft, Birnensaft und 500 ml Wasser zu dem Tee geben. Abkühlen lassen.
3. Die Eiswürfel in eine große Kanne geben, den Honeybushtee darübergießen. Eventuell mit den Scheiben einer Zitrone garnieren.

Tipp Der südafrikanische Honeybushtee ist reizarm, enthält kein Koffein und entwickelt keine Bitterstoffe. Kinder mögen ihn wegen seines milden und süßlichen Geschmacks. Deshalb ist dieser Eistee sehr gut für Kindergeburtstage und Spielnachmittage geeignet.

Kirsch-Minze-Eistee für Kinder

15 Minuten + Kühlzeit | 1,5 Liter
Pro Glas 8 g Zucker | 39 kcal

Zutaten 2 gehäufte EL oder 5 Beutel Roibuschtee | 3 EL Honig | 2 Bio-Limetten | 200 ml Kirschsaft | evtl. 2 Handvoll Eiswürfel **Zum Servieren** Eiswürfel | 5 Minzezweige

1. Den Tee mit 1 l kochendem Wasser aufbrühen. Er kann 2 bis 5 Minuten ziehen. Roibuschtee entwickelt keine Bitterstoffe und ist sehr verträglich. Anschließend den Tee oder die Teebeutel entfernen. Den Honig gründlich unterrühren.
2. Die Limetten heiß abspülen und trocken reiben. Eine Limette halbieren und den Saft in den Roibuschtee geben. Die andere Limette in Achtel schneiden.
3. Jetzt sind zwei Varianten möglich: Für die Schockkühlung wird der heiße Roibuschtee über zwei Handvoll Eiswürfel in eine Schüssel gegossen. Dann den Kirschsaft dazugeben. Wer den Roibuschtee langsam kühlen möchte, gibt 500 ml kaltes Wasser und den Kirschsaft in den heißen Tee. Anschließend muss der Tee mehrere Stunden im Kühlschrank kalt gestellt werden.
4. Die Eiswürfel mit den Minzezweigen und den Limettenachteln in eine große Kanne legen, den Roibuschtee darübergießen.

Tipp Der Roibusch-Eistee schmeckt auch mit einem leichten Vanillearoma. Entweder ersetzt man 1 EL Honig durch 1 EL Vanillesirup oder man verwendet eine Teesorte, die bereits mit Vanille aromatisiert wurde.

Minz-Apfel-Eistee

20 Minuten | 1,5 Liter
Pro Glas 11 g Zucker | 50 kcal

Zutaten 1 Bio-Zitrone | 1 EL Pfefferminztee | 2–3 EL oder 5 Beutel Schwarztee (z. B. Bio-Ceylon- oder Ostfriesentee) | 3 EL Rohrzucker | 2 Handvoll Eiswürfel | 50 ml Zitronensaft | 200 ml klarer Apfelsaft **Zum Servieren** Eiswürfel | 5 frische Minzezweige

1. Die Zitrone heiß abspülen, trocken reiben und in halbe Scheiben schneiden.
2. Die Pfefferminz- mit den Schwarzteeblättern vermischen.
3. Die Teemischung mit 1 l kochendem Wasser aufbrühen und 2 Minuten ziehen lassen. Anschließend durch ein Teesieb gießen.
4. Den Zucker unterrühren und abschmecken. Den gesüßten Tee in eine Schüssel auf zwei Handvoll Eiswürfel gießen. Den Zitronensaft und den Apfelsaft dazugeben. Umrühren.
5. Die Eiswürfel und die Zitronenscheiben in eine große Glaskanne geben. Den fertigen Eistee darübergießen. Mit frischen Minzezweigen garnieren.

Info Eistees, die mit losem Tee zubereitet werden, schmecken meist sehr aromatisch. Exakte Mengenangaben sind aber schwierig. Bei einem kräftigen, krümeligen Ceylontee kann ein gehäufter Esslöffel ausreichen, um eine dunkle, kräftige Eisteebasis herzustellen. Von einem zarten, großblättrigen Darjeeling, der zu den teuren Teesorten zählt, braucht man wahrscheinlich mindestens die doppelte Menge.

Oolong-Cranberry-Eistee

15 Minuten | 1,5 Liter
Pro Glas 10 g Zucker | 50 kcal

Zutaten 2 Bio-Zitronen | 2–3 EL Oolongtee | 3 EL Vollrohrzucker | 2 Handvoll Eiswürfel | 300 ml Cranberrysaft **Zum Servieren** Eiswürfel

1. Die Zitronen heiß abspülen und trocken reiben. Eine Zitrone halbieren und den Saft auspressen. Die andere Zitrone in halbe Scheiben schneiden.
2. Den Tee mit 1 l Wasser aufbrühen. Das Wasser sollte möglichst nicht kochen. Optimal für grünen Tee ist eine Temperatur von etwa 80 °C. Das Wasser dafür nach dem Aufkochen etwa 5 Minuten stehen lassen. Den Teeaufguss 2 Minuten ziehen lassen, anschließend durch ein Teesieb abgießen.
3. Zügig den Vollrohrzucker unterrühren. Den Tee in eine Schüssel auf zwei Handvoll Eiswürfel gießen. Mit dem Cranberrysaft und dem frisch gepressten Zitronensaft abschmecken.
4. Den Oolong-Eistee mit Eiswürfeln und Zitronenscheiben in einer großen Glaskanne servieren.

Tipp Wer keinen Oolongtee zu Hause hat, kann diesen Eistee auch mit Ceylon oder Earl Grey zubereiten.

Andere Länder, andere Erfrischungen. In Peru kocht man Limonade aus blauen Maiskolben, eine Prise Meersalz gibt der indischen Nimbu Pani ihre besondere Note. Und für die israelische Limonana werden Minzblätter püriert. Die Welt der Limonaden ist unendlich vielfältig und immer wieder überraschend. Auch mit fremden Gewürzen oder duftenden Blütenblättern lassen sich köstliche Getränke zubereiten.

5 Exoten

Chicha Morada aus Peru

90 Minuten + Kühlzeit | 2 Liter
Pro Glas 17 g Zucker | 73 kcal

Zutaten 3 Bio-Limetten | 2 Maiskolben (am besten dunkelvioletter Purpurmais) | 1 Apfel | 1 Ananas | 2 Zimtstangen | 8 Gewürznelken | 6 EL Zucker **Zum Servieren** 1 Apfel | Eiswürfel

1. Eine Limette heiß abwaschen und trocken reiben. Die Schale mit einem Sparschäler entfernen. Alle drei Limetten auspressen. Den Saft und die Schale beiseitestellen.
2. Blätter von den Maiskolben entfernen. Die Kolben, den Apfel und die Ananas gründlich waschen. Die Ananas schälen, das Fruchtfleisch beiseitestellen und zum Beispiel zu einem Obstsalat verarbeiten. Den Apfel grob würfeln. Limettenschale, Mais, Apfel, Ananasschale, Zimtstange und Nelken in einem Topf mit 2 l Wasser ungefähr 1 Stunde kochen lassen.
3. Die heiße Flüssigkeit durch ein Sieb gießen. Mais, Apfelstücken, Gewürze und Schalen auffangen. Der Mais kann später noch gegessen werden. Die heiße Flüssigkeit mit Limettensaft und Zucker abschmecken. Abkühlen lassen.
4. Zum Servieren den weiteren Apfel in schmale Spalten schneiden. Die Chicha Morada in Gläsern mit Apfelspalten und Eiswürfeln servieren.

Info In Peru wird Chicha Morada aus blauem Mais zubereitet, der in den Andenregionen wächst. In Deutschland ist diese Maissorte nur selten erhältlich. Wer keinen bekommt, kann die Limonade auch mit einem Schuss Aroniasaft einfärben.

Tomatenlimonade

40 Minuten + Kühlzeit | 1,5 Liter
Pro Glas 11 g Zucker | 53 kcal | 10 % des Kalium-Tagesbedarfs

Zutaten 3 EL Rohrohrzucker | 1 kg frische Tomaten | 1 kleine Prise Salz | 30 ml Zitronensaft
Zum Servieren 1 Bio-Zitrone | Eiswürfel | 500 ml stark sprudelndes Mineralwasser

1. Den Zucker in 100 ml heißem Wasser auflösen. Die Tomaten gut abwaschen und die Strünke entfernen. Die Tomaten mit weiteren 100 ml Wasser und einer Prise Salz bei niedriger Hitze etwa 30 Minuten im geschlossenen Topf kochen lassen. Abkühlen lassen.
2. Die weichen Tomaten im Standmixer oder mit dem Pürierstab pürieren.
3. Die pürierten Tomaten durch ein feines Sieb streichen, dabei Kerne und Schalenreste auffangen. Mit dem Zuckerwasser und dem Zitronensaft abschmecken.
4. Die Zitrone heiß abwaschen und trocken reiben. In halbe Scheiben schneiden. Eiswürfel und Zitrone in hohe Gläser geben. Den süßen Tomatensaft dazugeben. Mit Mineralwasser aufgießen.

Tipp Für die Tomatenlimonade eignen sich besonders gelbe oder pinke Tomaten. Sie haben einen süßlichen Geschmack.

Der Geschmack von Kaffeekirschen

LAURA ZUMBAUM

Wie kommt man auf die Idee, eine Limonade aus Kaffeekirschen zu kreieren?
Nach dem Studium habe ich für Unternehmen gearbeitet, die sich für faire Produktionsbedingungen und fairen Handel einsetzen. Damals habe ich eine Kaffeeplantage in Kolumbien besucht. Dort haben die Leute Tee aus Kaffeekirschen getrunken. Das fand ich sehr spannend und deshalb habe ich den Tee sofort probiert.

Wonach schmecken die Kaffeekirschen?
Das Interessante ist, dass sie kaum nach Kaffee, dafür aber sehr fruchtig und leicht süßlich schmecken. So kam ich auf den Gedanken, eine zuckerfreie Limonade daraus zu machen. Und dann ging es ans Experimentieren.

Wie verliefen die ersten Limonadenexperimente?
Ich habe unzählige Limonaden zu Hause zubereitet, die höchst unterschiedlich geschmeckt haben. Immer wieder habe ich die Temperatur des Aufgusses, die Menge an Kaffeekirschen oder an Zitronen- und Orangensaft variiert. Dann habe ich zusammen mit Profis, die einen geschulten Geschmackssinn haben, meine Limonade verkostet. Mit dabei waren ein Sommelier, Mitarbeiter einer Kaffeerösterei und verschiedene Gastronomen. Auch Freunde und Bekannte habe ich immer wieder befragt, bis ich mir sicher war, dass ich die richtige Mischung gefunden hatte. Es ist schließlich ein Riesenschritt, anstatt 2 Litern plötzlich Limonade für 1000 Flaschen anmischen zu lassen. Mittlerweile habe ich die Rezeptur leicht verändert. Den Anteil von Orangen- und Zitronensaft habe ich leicht erhöht. In den neu produzierten Limonaden ist auch ein wenig mehr Kohlensäure.

Was waren die größten Hürden bei der Produktion?
Die größte Schwierigkeit bestand darin, einen Getränkeproduzenten zu finden, der bereit ist, verhältnismäßig kleine Mengen an Flaschen abzufüllen. Die Produktionskosten sind auf die einzelne Flasche gerechnet enorm hoch, wenn nur geringe Mengen abgefüllt werden. Mit 1000 Flaschen habe ich angefangen, im nächsten Jahr sollen es dann 25000 pro Produktionslauf werden. Ab 100000 Flaschen wird es einer Faustregel nach lukrativ. Wer schnelles Geld verdienen will, sollte sich lieber nicht an die Produktion von Limonaden wagen.

Laura Zumbaum hat im Sommer 2015 ihre erste Limonade „Selosoda“ auf den Markt gebracht. Grundlage für die kalorienarme Limonade ist ein Aufguss aus den getrockneten Schalen von Kaffeekirschen. Deshalb auch der Name: „Selo“ bedeutet Schale oder Hülle auf Esperanto. Die studierte Betriebswirtin organisiert derzeit noch alleine Vertrieb, Produktion und Marketing.

Nimbu Pani

20 Minuten + Kühlzeit | 1,5 Liter
Pro Glas 12 g Zucker | 56 kcal

Zutaten 1 EL ungemahlenes Garam Masala (oder fertiges Gewürzpulver) | 5 Pfefferkörner | 90 g heller Rohrzucker | 120 ml Zitronensaft | 1 Prise Meersalz **Zum Servieren** 1 Bio-Zitrone | 5 Minzezweige | Eiswürfel | 700 ml kaltes, stark sprudelndes Mineralwasser

1. Das Garam Masala mit den Pfefferkörnern in einer Pfanne bei milder Hitze kurz anrösten. Anschließend die Mischung in einer Gewürzmühle sehr fein mahlen.
2. Die Gewürzmischung mit 500 ml Wasser, Zucker, Zitronensaft und einer Prise Meersalz aufkochen lassen. Die Limonadenbasis abkühlen lassen.
3. Die Zitrone heiß abwaschen und trocken reiben. In halbe Scheiben schneiden. Die Minzezweige waschen.
4. In einer großen Glaskanne Eiswürfel, Minzezweige und Zitronenscheiben anrichten. Zuerst mit der Limonadenbasis, dann mit dem kühlen Mineralwasser aufgießen.

Info In Indien hat jede Familie ihr eigenes Rezept für die Gewürzmischung „Garam Masala". In Deutschland wird sie meist als Mischung aus Koriander, Nelken, Ingwer, Kardamom, Zimt und Kreuzkümmel verkauft. Die Gewürzmischung wird in Indien und auch bei Indern, die in Großbritannien leben, einfach in Cola-Getränke und in andere fertige Limonaden gerührt.

Rosenlimonade

25 Minuten + Kühlzeit | 1,5 Liter
Pro Glas 17 g Zucker | 74 kcal

Zutaten 50 g ungespritzte Rosenblätter | 120 g heller Rohrzucker | 1 Päckchen Vanillezucker | 100 ml Zitronensaft | 1 Prise Salz **Zum Servieren** 5 Stängel Zitronenmelisse | Eiswürfel | 700 ml kaltes Mineralwasser medium

1. Die Rosenblätter in einem Sieb gründlich waschen. Einige Blätter zur Dekoration beiseitelegen.
2. In einem Topf 500 ml Wasser mit Zucker, Vanillezucker, Zitronensaft und einer Prise Salz aufkochen lassen. Anschließend die Rosenblätter dazugeben. Topf vom Herd nehmen. Einen Deckel auf den Topf legen und die Flüssigkeit abkühlen lassen.
3. Den Sud durch ein Sieb geben. Die Rosenblätter auffangen.
4. Melissezweige waschen. In einer großen Glaskanne Eiswürfel, restliche Rosenblätter und die Melissezweige anrichten. Zuerst mit der Limonadenbasis, dann mit dem kühlen Mineralwasser aufgießen.

Tipp Die Rosenlimonade bekommt eine zarte Roséfarbe, wenn man nach dem Entfernen der Rosenblätter 1 EL Aroniasaft unterrührt.

Granatapfellimo

20 Minuten + Kühlzeit | 1,5 Liter
Pro Glas 8 g Zucker | 40 kcal

Zutaten 4 große Granatäpfel | 2 Anissterne | 1 TL Kardamomsamen | 20 ml Zitronensaft | 60 g Honig **Zum Servieren** Minzezweige | 700 ml gut gekühltes Mineralwasser medium | Eiswürfel

1. Die Granatäpfel halbieren, 2 EL Kerne entnehmen und beiseitestellen. Die Granatäpfel mit einer Zitruspresse auspressen.
2. Die Anissterne durchbrechen, die Kardamomsamen leicht mit einem Mörser andrücken. Die Gewürze in ein Tee-Ei oder einen Teebeutel legen.
3. Den Granatapfelsaft mit 200 ml Wasser und den Gewürzen in einem Topf aufkochen. Die Gewürze entfernen, den Zitronensaft und den Honig unterrühren. Abkühlen lassen.
4. Die Minze waschen, die Blätter abzupfen. Eiswürfel, Granatapfelkerne und Minzblätter in einer Kanne verteilen. Mit Limonadenbasis und kühlem Mineralwasser aufgießen.

Kanadische Cranberry-Limo

20 Minuten | 1,5 Liter
Pro Glas 14 g Zucker | 80 kcal | 14 % des Zink-Tb.

Zutaten 3 Bio-Zitronen | 100 ml Ahornsirup | 700 ml Cranberrysaft (möglichst ungesüßt oder etwas weniger Ahornsirup verwenden) **Zum Servieren** Eiswürfel | 50 g gefrorene Cranberrys | 4 Minzezweige | 700 ml gekühltes Mineralwasser medium

1. Die Zitronen heiß waschen und abreiben. Zwei Zitronen auspressen, die andere in Scheiben schneiden. In einem Topf den Cranberrysaft mit Ahornsirup und 700 ml Wasser erhitzen. Abschmecken, eventuell noch mehr Zitronensaft dazugeben. Abkühlen lassen.
2. Eine große Glaskanne mit Eiswürfeln, gefrorenen Cranberrys, Zitronenscheiben und ganzen Minzezweigen dekorieren. Zunächst die Limonadenbasis, dann das Mineralwasser darübergießen.

Limonana aus Israel

15 Minuten + Kühlzeit | 1 Liter
Pro Glas 13 g Zucker | 57 kcal

Zutaten 3 EL Rohrohrzucker | 12 Minzezweige | 5 Eiswürfel | 20 ml Zitronensaft 20 ml Limettensaft **Zum Servieren** 1 Bio-Limette | Crushed Ice

1. Den Zucker in 200 ml kochendem Wasser auflösen und abkühlen lassen.
2. Die Minzezweige gründlich waschen, einen Zweig beiseitelegen. Die Minzezweige zusammen mit 750 ml kaltem Wasser, dem abgekühlten Zuckerwasser, den Eiswürfeln, dem Zitronensaft und dem Limettensaft in einem Standmixer ungefähr 1 Minute bei höchster Stufe pürieren.
3. Die Limette heiß abwaschen, trocken reiben und grob würfeln. Die Blättchen von dem letzten Minzezweig zupfen.
4. Crushed Ice, Limettenwürfel und Minzblätter in Gläser geben. Mit der Limonana aufgießen.

Tipp Meist bleiben kleine Minzstückchen in der Limonana. Wenn das stört, kann man die Flüssigkeit vor dem Servieren durch ein feines Sieb filtern.

Konzentration und Elan zum Trinken: Kaffee oder Tee machen wach und liefern Energie, die einige Stunden anhält. Doch Koffein macht sich nicht nur in Heißgetränken gut. Zusammen mit Fruchtsäften und Kräutern lässt sich der Stoff auch in kühlen Drinks verarbeiten. Selbst gemachte Energydrinks sind mehr als schnelle Wachmacher. Sie versorgen den Körper mit Vitaminen und anderen Pflanzenstoffen, die sich positiv auf das Wohlbefinden auswirken können.

6 Energydrinks

Gesunde Wachmacher

Jede Menge Koffein, Farbstoffe, viel zu viel Zucker – Energydrinks haben unter ernährungsbewussten Menschen einen schlechten Ruf. Und das kommt nicht von ungefähr. Eine Untersuchung der Stiftung Warentest von 2014 zeigte, dass in einigen der quietschbunten Getränke so viel Koffein steckte, dass bereits der Verzehr von zwei Flaschen bedenklich für die Gesundheit ist. Darüber hinaus enthalten die Getränke kaum Nährstoffe. Allerdings wären diese Produkte kaum so erfolgreich, wenn sie nicht tatsächlich eine positive Wirkung hätten. In Maßen genossen, machen Energydrinks wach – und sie geben Schwung für die Aufgaben, die vor einem liegen.

Neben Fruchtauszügen, verschiedenen Zuckerarten, Konservierungs- und Farbstoffen enthalten Energydrinks Koffein. Der Stoff, der chemisch zur Gruppe der Alkoaloide zählt, ist ein natürlicher Bestandteil von Genussmitteln wie Kaffee, Tee und Mate. Auch Kakao enthält geringe Mengen des Stoffes. Ein weiterer Inhaltsstoff vieler Energydrinks ist Taurin, eine Säure, die der Körper auch selbst produziert. Man nimmt an, dass Taurin den Wachmacher-Effekt von Koffein noch verstärkt.

Beliebt bei Bodybuildern und Leistungssportlern ist Guarana, das als Nahrungsergänzungsmittel verkauft wird. Der Stoff wird aus Früchten gewonnen, die im Amazonasbecken wachsen. Guarana enthält neben Koffein auch einen hohen Anteil an Gerbstoffen, die die Wirkung des Koffeins verzögern und verlängern sollen.

Koffein stimuliert

In geringen Dosen wirkt Koffein vor allem stimulierend. Die Konzentrationsfähigkeit kann sich kurzfristig erhöhen, die Müdigkeit verschwindet. Wenn es höher dosiert wird, hat Koffein auch einen Einfluss auf das Herz-Kreislauf-System. Das Herz schlägt häufiger und kräftiger, Puls und Blutdruck erhöhen sich. Menschen, die empfindlich auf Koffein reagieren, sollten auf Energydrinks verzichten. Dazu gehören Kinder,

Schwangere und Menschen, die unter Bluthochdruck oder Magenbeschwerden leiden. Für Erwachsene gilt ein Koffeinkonsum von bis zu 300 Milligramm pro Tag als unbedenklich. Das entspricht etwa drei Tassen Kaffee oder sieben Tassen Tee. Einen Überblick über den Koffeingehalt der einzelnen Getränke finden Sie in der Tabelle. Der Koffeingehalt bei den meisten Getränken ist mit einer unteren und einer oberen Grenze angegeben. Exakt lässt sich zum Beispiel für Cola der Koffeingehalt nicht feststellen, weil die einzelnen Marken unterschiedlich viel Koffein enthalten. Das Gleiche gilt für Kaffee oder Zartbitterschokolade. Von unseren Energydrinks können Sie ein bis zwei Portionen am Tag trinken. Dazu gibt es eine Menge Nährstoffe und Vitamine.

Lebensmittel	Menge	Koffeingehalt (in Milligramm)
Kakao	125 ml	2–5
Zartbitterschokolade	100 g	10–80
Milchschokolade	100 g	15–20
Schokokuchen	1 Stück	25
Tee	125 ml	30–60
Cola	200 ml	30–70
Espresso	50 ml	50–60
Instantkaffee	125 ml	60–100
Energydrink	250 ml	80
Filterkaffee	125 ml	80–120
Ungefilterter Kaffee	125 ml	90–130
Mokka	125 ml	100–135

Earls Erdbeer-Energie

20 Minuten + Kühlzeit | 2 Portionen
Pro Glas 14 g Zucker | 80 kcal | 20 % des Folat-Tagesbedarfs

Zutaten 2 TL oder 3 Beutel Earl-Grey-Tee | 30 ml Zitronensaft | 1,5 EL Honig | 250 g frische oder tiefgefrorene Erdbeeren

1. Den Earl-Grey-Tee mit etwa 250 ml kochendem Wasser aufbrühen und höchstens 2 Minuten ziehen lassen. Den Tee durch ein Sieb gießen oder die Beutel entfernen. Den Zitronensaft und den Honig in den heißen Tee geben. Abkühlen lassen.

2. Die frischen Erdbeeren waschen und putzen, dann im Standmixer oder mit dem Pürierstab zerkleinern. Das Erdbeerpüree mit dem Tee mischen. Kalt stellen.

Der lange Weg zur genialen Mischung

NILS BERNAU

Außer Obst, Gemüse und Ingwer setzen Sie auch Gewürze und Kräuter ein. Eine Zutat ist Aktivkohle. Wie kommen Sie auf solche Ideen?
Mein Anspruch ist, dass die Produkte gesund sind und gut schmecken. Ich verarbeite auch Superfoods wie Goji-Beeren oder Chia-Samen. Einige dieser Zutaten sind eher geschmacksneutral, andere wie Spirulina-Algen schmecken pur nicht gut. In solch einem Fall versuche ich, andere Zutaten so einzusetzen, dass der Algengeschmack überdeckt wird.

Gibt es ein Grundrezept, wie man Säfte und Zutaten mixt, sodass es schmeckt?
Ein Saft muss den Geschmack bringen. Das können zum Beispiel Orangen- oder Beerensäfte sein, die sehr aromatisch sind. Die nächste Komponente wie Ananas- oder Birnensaft bringt Süße. Manchmal ist eine gewisse Sämigkeit gefragt, dann werden Bananen oder Avocados püriert. Damit es interessanter schmeckt, kommen dann noch Kräuter, Gewürze und Zutaten wie Ingwer oder Kurkuma ins Spiel. Sie kommen mit dem Obst in den Entsafter.

Wie entsaften Sie Obst und Gemüse?
Ich verwende nur kalt gepresste Säfte, da sie die meisten Vitamine enthalten. Da es praktisch keine bezahlbaren Hochleistungsentsafter gibt, verwende ich ein Gerät, wie es auch in Tausenden deutschen Haushalten zu finden ist.

Bei Limonaden ist es schwierig, ganz auf Zucker zu verzichten. Wie lösen Sie das?
Die Limonaden sind tatsächlich meine einzigen Produkte, die leicht gesüßt sind. Zucker kommt allerdings nicht rein. Ich verwende etwas Ahornsirup, Agavendicksaft oder auch Holundersirup.

Wie lange brauchen Sie, bis Sie mit einer Komposition zufrieden sind?
Es dauert bis zu drei Monate, ehe ein Mix für mich stimmig und interessant ist. Ich probiere es immer wieder neu, manchmal liegen einige Tage zwischen den Versuchen. Ich möchte ja nichts wegschütten.

Was ist die ideale Trinktemperatur?
Es ist sinnvoll, Getränkemischungen bei Raumtemperatur abzuschmecken, weil die Süße dann stärker hervortritt. Grundsätzlich gilt: Alles, was bei Raumtemperatur gut schmeckt, schmeckt gut gekühlt großartig. Die optimale Temperatur für Limonade müsste bei etwa 4 °C liegen.

Nils Bernau ist gelernter Hotelfachmann und ausgebildeter Sommelier. Er hat lange in der Schweiz und in London gelebt. Seit anderthalb Jahren verkauft er im Berliner Stadtteil Prenzlauer Berg frische Smoothies und Saftmischungen. Im Sommer sind auch Limonaden im Angebot.

2
1 2/3
1 1/3
1
2/3

Grüner Energy-drink

15 Minuten + Kühlzeit | 2 Portionen
P. P. 21 g Zucker | 118 kcal | 80 % des Vit-C-Tb.

Zutaten 1 gehäufter EL oder 4 Beutel Grüntee (z. B. Gunpowder) | 1 EL Honig | 10 ml Zitronensaft | 4 Kiwi

1. Den Tee in einer Kanne mit 200 ml Wasser aufgießen, das etwa 80°C heiß ist. 2 Minuten ziehen lassen, dann den Tee durch ein Sieb gießen oder die Beutel entfernen und Honig und Zitronensaft in den warmen Tee rühren. Kalt stellen.
2. Die Kiwi schälen, den Strunk entfernen und Kiwi würfeln. Die Würfel im Standmixer oder mit dem Pürierstab bei höchster Stufe pürieren. Falls sich noch Kerne in dem Kiwipüree befinden, kann man das Püree durch ein feines Sieb streichen.
3. Das Püree mit dem Grüntee mischen und kalt stellen.

Grüntee-Trauben Drink

10 Minuten + Kühlzeit | 2 Portionen
P. P. 21 g Zucker | 96 kcal | 10 % des Kalium-Tb.

Zutaten 1 gehäufter EL oder 4 Beutel Grüntee (z. B. Gunpowder) | 1 EL Honig | 10 ml Limettensaft | 200 ml Traubensaft

1. Den Tee in einer Kanne mit 200 ml Wasser aufgießen, das kurz zuvor gekocht hat. Es sollte etwa 80°C heiß sein. Etwa 2 Minuten ziehen lassen, dann den Tee durch ein Sieb gießen oder die Beutel entfernen.
2. Honig und Limettensaft in den warmen Tee rühren. Anschließend kalt stellen und vor dem Trinken mit dem Traubensaft mixen.

Vitamin-C-Booster

10 Minuten + Kühlzeit | 2 Portionen
Pro Glas 9 g Zucker | 47 kcal | 600 % des Vitamin-C-Tagesbedarfs

Zutaten 2 TL oder 3 Beutel Guarana-Mate-Tee | 20 ml Zitronensaft | 1 EL Agavendicksaft | 200 ml Acerolasaft

1. Den Tee in einer großen Tasse mit etwa 250 ml heißem Wasser aufbrühen. Etwa 4 Minuten ziehen lassen. Den Tee durch ein Sieb gießen oder die Beutel entfernen. In den heißen Tee Zitronensaft und Agavendicksaft rühren.

2. Abkühlen lassen. Den kalten Tee mit dem Acerolasaft mischen. Eventuell noch einen weiteren Schuss Zitronensaft dazugeben.

Info Mate- und Guaranatee werden aus den Blättern bzw. Samen von Pflanzen hergestellt, die in Südamerika wachsen. Beide Pflanzenarten enthalten Koffein. Matetee ist in Südamerika sehr verbreitet. Das Aufgussgetränk enthält auch Vitamine, Spurenelemente und Mineralstoffe. Loser Guarana-Mate-Tee ist im Supermarkt kaum erhältlich, fündig wird man in Spezialgeschäften für südamerikanische Lebensmittel. Beuteltee gibt es zum Beispiel in Drogeriemärkten.

Grapefruit-Energydrink

10 Minuten + Kühlzeit | 2 Portionen
Pro Glas 11 g Zucker | 58 kcal | 30 % des Vit-C-Tb.

Zutaten 2 TL oder 3 Beutel Guarana-Mate-Tee | 1 Spritzer Zitronensaft | 1 EL Agavendicksaft | 1 Minzezweig | 1 rosa Grapefruit

1. Den Tee mit etwa 150 ml kochendem Wasser aufbrühen und höchstens 3 bis 4 Minuten ziehen lassen. Den Tee durch ein Sieb gießen oder die Beutel entfernen. Anschließend einen Spritzer Zitronensaft, den Agavendicksaft und einen Minzezweig in den heißen Tee geben. Abschmecken und abkühlen lassen.
2. Die Grapefruit halbieren und auspressen. Den Minzezweig entfernen. Den Grapefruitsaft mit dem kühlen Matetee mischen.

Schwarztee-Aronia-Energydrink

10 Minuten + Kühlzeit | 2 Portionen
Pro Glas 15 g Zucker | 83 kcal | 45 % des Vit-C-Tb.

Zutaten 2 TL oder 3 Beutel Schwarztee (z. B. Darjeeling oder eine andere milde Sorte) | 20 ml Zitronensaft | 1 EL Honig | 200 ml Aroniasaft

1. Den Tee mit etwa 250 ml heißem Wasser aufbrühen und höchstens 2 Minuten ziehen lassen. Den Tee durch ein Sieb gießen oder die Beutel entfernen. Anschließend sofort den Zitronensaft und den Honig in den heißen Tee geben. Abkühlen lassen.
2. Den kalten Tee mit dem Aroniasaft mischen. Kalt stellen.

Info Aroniabeeren werden auch Apfelbeeren genannt. Die Beeren haben ebenfalls einen hohen Gehalt an Vitamin C. Sie sind zunehmend beliebt und werden deshalb auch vermehrt in Deutschland angebaut. Der Saft hat eine tief dunkelrote Farbe und ist in Bioläden erhältlich.

Kaffee-Kirsch-Kick

10 Minuten + Kühlzeit | 2 Portionen
Pro Glas 17 g Zucker | 83 kcal | 15 % des Folat-Tagesbedarfs

Zutaten 4 TL Instant-Kaffeepulver | 1 EL Honig | 1 Prise gemahlener Kardamom | 1 Prise gemahlener Zimt | 200 ml Kirschsaft

1. Den Instant-Kaffee in einer großen Tasse in 200 ml kochendem Wasser auflösen. Sofort den Honig und die Gewürze unterrühren.

2. Den Gewürz-Kaffee abkühlen lassen und durch ein feines Sieb gießen, um die Gewürze aufzufangen. Gewürze entsorgen.

3. Den kalten Kaffee mit dem Kirschsaft mixen und kühl stellen.

Tipp Dieses Rezept lässt sich auch mit Gewürzen wie Anis oder Rosmarin und zum Beispiel mit Trauben- oder Birnensaft variieren. Wichtig ist dabei, dass die Säfte nicht zu sauer sind.

Wasser ist der beste Durstlöscher der Welt. Gut gekühlt und mit einem leichten Aroma von Früchten und Kräutern wird aus dem lebenswichtigen Stoff ein reiner und purer Genuss. Himbeeren verleihen Wasser einen zart-fruchtigen Geschmack. Salbei oder Lavendel entfalten ihre ätherischen Öle und sorgen für ein blumiges Aroma. Außerdem geben Obst und Kräuter in Flüssigkeiten lebenswichtige Vitamine ab. Gesunde Durstlöscher lassen sich mit wenigen Handgriffen zu Hause selber herstellen. Sie schmecken erfrischend und haben kaum Kalorien.

7
Wasser
DE LUXE

Durstlöscher Apfel-Lavendel

15 Minuten + Ziehzeit | 1 Liter
Pro Glas 5 g Zucker | 28 kcal | 10 % des Vitamin-C-Tagesbedarfs

Zutaten 2 Bio-Zitronen | 2 TL getrocknete Lavendelblüten | 200 ml klarer Apfelsaft **Zum Servieren** Crushed Ice | frische Lavendelblüten

1. Eine Zitrone heiß abspülen und trocken reiben. Ihre Schale dünn mit einem Sparschäler abschälen. Anschließend die Zitrone auspressen und den Saft kühl aufbewahren.
2. Die Zitronenschalen und die Lavendelblüten mischen, mit 400 ml kaltem Wasser aufgießen und über Nacht stehen lassen.
3. Am nächsten Morgen die Lavendelblüten und die Zitronenschalen abseihen. Zu dem Sud weitere 400 ml kaltes Wasser, den Apfelsaft und den Zitronensaft zugeben. Alles gut verrühren.
4. Zum Servieren die zweite Zitrone in Scheiben schneiden. Den Durstlöscher mit Crushed Ice, frischen Lavendelblüten und Zitronenscheiben servieren.

Tipp Die aromatisierten Wasser sind ideal für Berufstätige. Sie lassen sich abends vorbereiten und können morgens in Flaschen abgefüllt und zum Arbeitsplatz mitgenommen werden.

Refreshing
SUPERIOR
PURE WATER
BOTTLE - 12 OUNCES
natural tap water
ALL NATURAL

Cold
Drink

Chili-Malve-Durstlöscher

15 Minuten + Kühlzeit | 1 Liter
Pro Glas 3 g Zucker | 18 kcal

Zutaten 2 EL oder 3 Beutel Malventee | 1 Zitrone | 150 ml Pflaumensaft | 1 Spritzer Chilisauce oder Tabasco **Zum Servieren** Crushed Ice | evtl. eingelegte Malvenblüten

1. Den Malventee mit 500 ml kochendem Wasser überbrühen und 5 Minuten ziehen lassen. Durch ein Sieb abgießen. Den Malventee abkühlen lassen.
2. Die Zitrone auspressen. Den Zitronensaft, den Pflaumensaft und weitere 350 ml kaltes Wasser dazugeben.
3. Zum Schluss einen sehr kleinen Spritzer Chilisauce oder Tabasco zu der Tee-Saft-Mischung geben.
4. Mit Crushed Ice und eventuell mit eingelegten Malvenblüten servieren.

Waldaroma-Durstlöscher

10 Minuten + Ziehzeit | 1 Liter
Pro Glas 2 g Zucker | 16 kcal

Zutaten 2 Rosmarinzweige | 15 schwarze Pfefferkörner | 1 Zitrone | 150 ml Heidelbeer- oder Aroniasaft **Zum Servieren** Eiswürfel

1. Die Rosmarinzweige gut abwaschen. Gemeinsam mit den Pfefferkörnern in 500 ml kaltem Wasser über Nacht oder mehrere Stunden ziehen lassen.
2. Die Flüssigkeit durch ein Sieb gießen, die Rosmarinzweige entfernen.
3. Die Zitrone auspressen. Den Sud mit dem Zitronensaft, 300 ml Wasser und dem Heidelbeer- oder Aroniasaft mixen.
4. Mit Eiswürfeln servieren.

Tipp Die Rosmarinzweige gut abtrocknen, in Folie einpacken und in den Kühlschrank legen. Sie können noch zum Kochen verwendet werden.

Himbeer-Basilikum-Wasser

15 Minuten + Ziehzeit | 0,5 Liter
Pro Glas 1 g Zucker | 6 kcal

Zutaten 100 g Himbeeren (frisch oder tiefgekühlt) | 2 Basilikumzweige | 1 Spritzer Balsamessig | evtl. Limettensaft

1. Die frischen Himbeeren gut abwaschen und abtropfen lassen. Zusammen mit dem Basilikum und 500 ml kaltem Wasser über Nacht oder mehrere Stunden ziehen lassen.
2. Die Flüssigkeit mit den Himbeeren durch ein Sieb gießen. Himbeeren und Basilikum entfernen.
3. Den Sud mit einem kleinen Spritzer Balsamessig, eventuell auch mit Limettensaft abschmecken.

Tipp Die weichen Himbeeren schmecken gut in Joghurt, Früchtequark oder Müsli.

Ingwer-Salbei-Wasser

15 Minuten + Ziehzeit | 1 Liter
Pro Glas 1 g Zucker | 5 kcal

Zutaten 2 daumengroße Ingwerstücke | 2 Salbeizweige | 30 ml Limettensaft

1. Die Ingwerstücke schälen und in dünne Scheiben hobeln. Die Salbeizweige gut waschen.
2. Mit 500 ml heißem Wasser übergießen und über Nacht oder mehrere Stunden ziehen lassen.
3. Den Sud durch ein Sieb abgießen und mit 500 ml Wasser und dem Limettensaft mixen.

Tipp Ingwer wird nachgesagt, dass er Reisekrankheit lindert. Gut gekühlt ist dieser Durstlöscher ein idealer Begleiter für lange Autofahrten.

Anis-Orangen-Wasser

10 Minuten + Kühlzeit | 1 Liter
Pro Glas 3 g Zucker | 19 kcal | 20 % des Vit-C-Tb.

Zutaten 2 EL Anissamen | 20 ml Zitronensaft | 200 ml Orangensaft **Zum Servieren** Crushed Ice

1. Die Anissamen leicht im Mörser andrücken. Mit 500 ml kochendem Wasser überbrühen und 8 Minuten ziehen lassen. Durch ein Sieb abgießen. Den Anistee abkühlen lassen.
2. Mit Zitronensaft, dem Orangensaft und weiteren 250 ml kaltem Wasser mixen.
3. Das Getränk mit Crushed Ice servieren.

Minz-Kardamom-Wasser

15 Minuten + Kühlzeit | 1 Liter
Pro Glas 4 g Zucker | 25 kcal

Zutaten 1 TL Kardamom | 1 TL Pfefferminztee | 2 Zitronen | 200 ml Birnensaft **Zum Servieren** Eiswürfel | Minzezweige | Bio-Zitronenscheiben

1. Den Kardamom leicht im Mörser zerdrücken und mit dem Pfefferminztee vermischen. Mit 500 ml kochendem Wasser überbrühen und 5 Minuten ziehen lassen. Durch ein Sieb gießen. Den Sud abkühlen lassen.

2. Die Zitronen auspressen. Den Zitronensaft, den Birnensaft und weitere 300 ml Wasser dazugeben. Umrühren.

3. Das Getränk mit Eiswürfeln, Minzezweigen und Zitronenscheiben servieren.

Tipp Wer Kalorien sparen will, lässt den Birnensaft weg.

Rezeptübersicht

Klassische Limonaden

Prickelndes mit Hefekulturen

Fassbrausen

Eistee

Exoten

Energydrinks

Wasser de luxe

Zutatenregister

Rezepte nach Kategorie

Vitaminreich

Zuckerarm

Die Autorin Kirsten Schiekiera ist Journalistin und lebt in Berlin, einem Hotspot der neuen deutschen Limonadenkultur.

Die Stiftung Warentest wurde 1964 auf Beschluss des Deutschen Bundestages gegründet, um dem Verbraucher durch die vergleichenden Tests von Waren und Dienstleistungen eine unabhängige und objektive Unterstützung zu bieten.

Stiftung Warentest
Lützowplatz 11–13
10785 Berlin
Telefon 0 30/26 31–0
Fax 0 30/26 31–25 25
www.test.de
email@stiftung-warentest.de

USt-IdNr.: DE136725570

Vorstand: Hubertus Primus
Weitere Mitglieder der Geschäftsleitung:
Dr. Holger Brackemann, Julia Bönisch, Daniel Gläser

Programmleitung: Niclas Dewitz

Autorin: Kirsten Schiekiera
Projektleitung: Lisa Frischemeier
Lektorat: Friederike Krickel
Lektoratsassistenz: Veronika Schuster
Korrektorat: Nicole Woratz, Berlin
Nährwertberechnungen: Astrid Büscher
Fachliche Unterstützung: Prof. Dr. Reinhold Carle, Universität Hohenheim

Umschlaggestaltung, Satz: Josephine Rank, Berlin
Layout, Illustrationen: FÖRM – Büro für Gestaltung, Berlin
Fotograf: Peter Schulte, Hamburg
Styling: Julia Luck, Hamburg

Produktion: Vera Göring
Verlagsherstellung: Rita Brosius (Ltg.), Romy Alig, Susanne Beeh
Litho: tiff.any, Berlin
Druck: Westermann Druck Zwickau GmbH

ISBN: 978-37471-0552-8

Wir haben für dieses Buch 100 % Recyclingpapier und mineralölfreie Druckfarben verwendet. Die Buchherstellung erfolgt ausschließlich in Deutschland, weil hier hohe Umweltstandards gelten und kurze Transportwege für geringe CO_2-Emissionen sorgen.